SV

edition suhrkamp digital

Die edition suhrkamp digital präsentiert kurze, aktualitätsbezogene, thesenstarke Bände, Manifeste, Langreportagen, Dossiers und Features. Alle Titel sind auch als eBook erhältlich. Mehr zur Reihe und den einzelnen Bänden unter: www.editionsuhrkampdigital.de

Kann es innerhalb der Europäischen Union eine Diktatur geben? Vor ein paar Jahren wäre solch eine Frage noch als interessante Gedankenspielerei von politischen Theoretikern abgetan worden. Angesichts der dramatischen Entwicklungen in Mitgliedsländern wie Rumänien und Ungarn sind wir jedoch ernsthaft mit einem Szenario konfrontiert, das in Brüssel bislang nie öffentlich thematisiert wurde: nämlich dass die Demokratisierungsprozesse in den (relativ) neuen EU-Staaten vielleicht doch umkehrbar sein könnten.

Was kann, was darf Brüssel tun? Jan-Werner Müller erläutert die Hintergründe der Situation in Ungarn und entwickelt robuste Kriterien für Interventionen zum Schutz der Demokratie.

Jan-Werner Müller, geboren 1970, ist Professor für Politische Theorie und Ideengeschichte an der Princeton University. Forschungsaufenthalte führten ihn in den vergangenen zehn Jahren mehrmals nach Budapest. Zuletzt erschienen im Suhrkamp Verlag *Das demokratische Zeitalter. Eine politische Ideengeschichte Europas im 20. Jahrhundert* (2013) sowie *Verfassungspatriotismus* (2010).

Jan-Werner Müller

Wo Europa endet

Ungarn, Brüssel und das Schicksal der liberalen Demokratie

Suhrkamp

Umschlagabbildung:
© REUTERS/Bernadett Szabo; Előd Novák, Parlamentsabgeordneter und stellvertretender Vorsitzender der rechtsextremen Partei Jobbik (»Bewegung für ein besseres Ungarn«), der zweitstärksten Oppositionspartei in der ungarischen Volksvertretung, verbrennt im Januar 2012 die EU-Flagge vor der Repräsentanz der Europäischen Kommission in Budapest. Jobbik-Vertreter forderten auf der Veranstaltung ein »freies Ungarn« und den Austritt aus der EU.

Autorenporträt: © Nelson Lopez

Erste Auflage 2013
edition suhrkamp digital
Originalausgabe

Druck: Druckhaus Nomos, Sinzheim
Umschlag gestaltet nach einem Konzept von
Willy Fleckhaus: Bureau Johannes Erler
Printed in Germany
ISBN 978-3-518-06197-8

Inhalt

Für Klári, Oti und Zsófi

... und – noch einmal – für Erika

»wie ein Maulwurf im Sonnenschein,
so gehen wir durch stockfinstre Nacht,
unruhig hocken wir in der stillen Kammer,
umgeben von der Wüste Sahara;
denn wo es Tyrannei gibt,
dort ist alles vergebens,
selbst der Gesang verrät dich,
nicht anders des Werkes Federstrich,
denn beizeiten steht sie
an deinem Grab,
sie sagt dir, was du gewesen bist,
sogar dein Staub wird ihr dienen.«

Gyula Illyés, »Ein Satz über die Tyrannei«
(Übersetzung: Hans-Henning Paetzke)

»In the nightmare of the dark
All the dogs of Europe bark,
And the living nations wait,
Each sequestered in its hate;

Intellectual disgrace
Stares from every human face,
And the seas of pity lie
Locked and frozen in each eye.«

W. H. Auden, »In memory of W. B. Yeats«

»If a people – especially one whose freedom has not yet become prescriptive – does not value it sufficiently to fight for it, and maintain it against any force which can be mustered within the country, even by those who have the command of the public revenue, it is only a question in how few years or months that people will be enslaved. Either the government which it has given to itself, or some military leader or knot of conspirators who contrive to subvert the government, will speedily put an end to all popular institutions: unless indeed it suits their convenience better to leave them standing, and be content with reducing them to mere forms; for, unless the spirit of liberty is strong in a people, those who have the executive in their hands easily work any institutions to the purposes of despotism.«

John Stuart Mill, A Few Words on Non-Intervention

Einleitung: Rechtsstaat auf dem Rückzug – oder: Wer ist der Hüter der Demokratie in Europa?

Kann es innerhalb der Europäischen Union eine Diktatur geben? Vor ein paar Jahren wäre solch eine Frage noch als interessante Gedankenspielerei von politischen Theoretikern abgetan worden. Angesichts der dramatischen Entwicklungen in einigen Mitgliedsländern sind wir jedoch ernsthaft mit einem Szenario konfrontiert, das in Brüssel bislang nie öffentlich thematisiert wurde: nämlich dass die Demokratisierungsprozesse in den (relativ) neuen EU-Staaten vielleicht doch umkehrbar sein könnten. Man denke an Rumänien, wo im Sommer 2012 ein vom Parlament initiierter »kalter Coup« nur knapp scheiterte, und vor allem an Ungarn, wo die Regierung des national-populistischen Ministerpräsidenten Viktor Orbán den Rechtsstaat seit 2010 immer weiter aushöhlt und – so viele Kritiker im In- und Ausland – dabei ist, eine illiberale oder »gelenkte« Demokratie zu errichten.[1] Mit anderen Worten: Die Vorstellung, wer einmal im exklusiven Club der EU angekommen sei, wer es auf die von Frieden, Freiheit und Wohlstand gekennzeichnete Insel der Seligen geschafft habe, könne sich doch unmöglich wieder unseligen Formen von Politik zuwenden, scheint falsch. Die EU ist nicht – oder zumindest nicht mehr – automatisch ein Garant für liberale Demokratie oder gar, wie Ulrich Beck dies einmal formulierte, ein »Synonym« für Demokratie.[2]

Doch sind es nicht nur die relativ jungen EU-Mitglieder, die zu Sorgenkindern der EU-Familie geworden sind: In Griechenland ist die rechtsextreme Partei »Goldene Morgendämmerung« auf dem Vormarsch; manche Beobachter sehen Athen bereits weit fortgeschritten auf dem Weg nach Weimar: Der griechische Staat büßt tagtäglich an Autorität ein, paramilitärische Organisationen machen die Straßen unsicher (auch wenn sie natürlich mit dem Anspruch auftreten, die Straßen vor »illegalen Immigranten« sicher zu machen). Die Mitglieder und Anhänger von »Chrysi Avgi« – so der griechische Name der Rechtsextremen – nennen ganz offen Ioannis Metaxas, den Diktator der dreißiger Jahre, als ihr Vorbild; man stellt sich bewusst als »Bewegung« dar; und die Symbolik ihrer Werbespots lässt keinen Zweifel am faschistischen Charakter der Partei.[3]

Wie soll sich der Rest Europas zu solchen Entwicklungen verhalten? Und vor allem: Soll Brüssel etwas tun? *Darf* Brüssel etwas tun? Anders gefragt: Sollte die EU heute als Hüterin der Demokratie agieren und die europäischen Völker sozusagen vor sich selbst (oder wenigstens vor ihren eigenen Regierungen) schützen? Oder wird Brüssel dadurch zu einem paneuropäischen Polit-Polizisten, der Bürgern von Lappland bis Lampedusa das einzig wahre Demokratieverständnis vorschreibt? Ist Brüssel nicht vielleicht selbst zumindest teilweise die Ursache für Entwicklungen wie in Griechenland? Ist die »Goldene Morgendämmerung« nicht auch die Folge der eisigen, harten Polarnacht der scheinbar nie enden wollenden Eurokrise?

Die Gefahr eines supranationalen Paternalismus sollte man ernst nehmen. Und die politische Situation in den einzelnen EU-Ländern darf in der Tat nicht isoliert betrachtet werden, ganz so, als seien alle Probleme hausgemacht. Nichtsdestotrotz: Prinzipiell, so die These dieses Essays, ist die EU legitimiert, zum Schutz nationaler Demokratien in Mitgliedsländern zu intervenieren. Und sie sollte auch intervenieren – nach sorgfältiger Urteilsbildung und anhand von Kriterien, welche im zweiten und dritten Kapitel dieses Buches entwickelt werden. Brüssel ist nicht der einzige institutionalisierte Hüter der liberalen Demokratie in Europa (nationale Verfassungsgerichte und der Europarat sind es beispielsweise auch) – aber die Union ist potenziell ein besonders effektiver Akteur nicht nur der Demokratieförderung, wie man es in Beitrittsstaaten regelmäßig beobachten kann, sondern auch des Demokratieschutzes auf dem Kontinent.

Gegen diesen Gedanken wird immer wieder eine Reihe von Einwänden vorgebracht – nicht zuletzt im Namen dezidiert demokratischer Werte. So heißt es beispielsweise: Da die EU selbst an einem eklatanten Demokratiedefizit leide, könne sie auch nicht in Mitgliedsstaaten als Protektor der Demokratie auftreten. Oder es wird moniert, dass es ein gemeinsames europäisches Demokratieverständnis eigentlich gar nicht gebe. In Sonntagsreden würden die

»europäischen Werte« unverdrossen bemüht – wer aber genauer hinschaue, werde im Detail doch sehr divergierende Auffassungen beispielsweise von parlamentarischer Souveränität und individuellen Rechten finden. Und auch wer nicht prinzipiell gegen EU-Interventionen zur Demokratiesicherung ist, kritisiert, dass die Union bei derartigen Interventionen heuchlerisch auftrete: Gegen Jörg Haiders Österreich habe man im Jahre 2000 schweres Sanktionsgeschütz aufgefahren (nur um dem Alpenland am Ende eine Art demokratischen Persilschein auszustellen), auch Orbán habe die Europäische Kommission mehrmals gedroht – aber Silvio Berlusconi habe man jahrelang gewähren lassen, obwohl dieser doch ganz klar Medien und Justiz unter seine Fittiche zu bringen versuchte. Kurz gesagt: An kleinen Mitgliedsstaaten würden demokratische Exempel statuiert; große EU-Gründungsstaaten wie Italien könnten sich so viel politisches Bunga Bunga leisten, wie sie wollten.

Diese Einwände – und noch weitere – werden im zweiten Kapitel dieses Buches ausführlich diskutiert. Ich werde zeigen, dass es plausible Grundlagen für eine Rolle Brüssels als Hüter der liberalen Demokratie gibt. Diese Grundlagen lassen sich auf verschiedenen Wegen rechtfertigen, und man muss sich nicht für eine hochspezifische Interpretation der bekanntlich hochkomplexen Europäischen Union – die vom früheren Kommissionspräsidenten Jacques Delors einmal als »unbekanntes politisches Objekt« bezeichnet wurde – entscheiden, um diese Grundlagen zu teilen. Darüber hinaus werde ich eine Reihe von Kriterien dafür entwickeln, wann und unter welchen Umständen demokratieschützende Maßnahmen seitens der Union gerechtfertigt sind. Zum Teil rekapitulieren diese Kriterien nur gutes altes liberales Gedankengut; zum Teil leiten sie sich aber auch direkt aus dem Charakter des unvollendeten politischen Projekts Europa ab.

Im dritten Kapitel kommen wir zum eigentlichen Problem. Und das ist ein eher praktisches: Bis heute gibt es keine überzeugenden politischen oder rechtlichen Instrumente für Eingriffe zum Schutz der Demokratie. Einige der Strategien, welche die EU jüngst gegenüber Ungarn und Rumänien angewandt hat, können leicht als opportunistisch erscheinen, auch wenn sie kurzfristig erfolgreich sein sollten. Insbesondere besteht ein Missverhältnis zwischen den politischen Herausforderungen in einzelnen Ländern und den konkret von der EU ergriffenen Maßnahmen, vor allem Vertragsverletzungsverfahren. Ein Beispiel: Die ungarische Regierung setzt 2011 das Pensionsalter für Richter urplötzlich auf 62 herab – mit der Folge, dass alle damit bereits 2012 frei werdenden Ämter nun von einer einzelnen Person – Tünde Handó, der Ehefrau eines Mitbegründers und Europaabgeordneten der Regierungspartei – besetzt werden können. Und wie reagiert die EU auf diese Enthauptung des Justizsystems? Sie verklagt Ungarn vor dem Europäischen Gerichtshof in Luxemburg wegen der Diskriminierung älterer Menschen.[4]

Wirklich drastische Sanktionen bis hin zur Suspendierung der Stimmrechte eines Mitgliedsstaats im Europäischen Rat scheinen derzeit aus politischen Gründen – sprich: aufgrund der Eigeninteressen der Nationalstaaten – ein Ding der Unmöglichkeit zu sein. Wie der Präsident der Europäischen Kommission, José Manuel Barroso, in seiner Ansprache zur Lage der EU im September 2012 selbst zugab, fehlt es Brüssel an einem differenzierten Instrumentarium zwischen dem Gutzureden auf der einen und dem von Barroso als »Nuklearoption« bezeichneten Artikel 7 des Vertrags über die Europäische Union auf der anderen Seite (dieser Artikel erlaubt die Suspendierung der Stimmrechte eines Mitgliedsstaates; offiziell aus der Union ausgeschlossen werden darf ein Land überhaupt nicht, man kann nur freiwillig gehen; ein Umstand, der einmal mehr den Optimismus – oder einfach die Selbstzufriedenheit – europäischer Eliten widerspiegelt, die sich ein Abdriften eines Mitgliedsstaates ins Autoritäre offenbar gar nicht vorstellen konnten, als sie die entsprechenden Verträge formulierten).[5]

Deshalb sollen im dritten Teil konkrete Vorschläge für neue Instrumente (und Institutionen) entwickelt werden, die dabei helfen könnten, aus der Europäischen Union eine wehrhafte Demokratie zu machen. Dabei sind der institutionellen Imagination allerdings in zweierlei Hinsicht Grenzen gesetzt: Zum einen lässt sich das, worum es letztlich geht – nämlich eine Art *Institutionalisierung politischer Urteilskraft* –, nicht am Reißbrett entwerfen. Zum anderen gilt: Wünschbar ist vieles, politisch machbar vielleicht sehr wenig in einer Ära, in der die europäischen Eliten schon viel politisches Kapital – und Vertrauen – verschleudert haben, aber immer noch sehr viel für die Lösung der Eurokrise investieren müssen. In einer solchen Situation scheint es besonders problematisch, den europäischen Völkern nicht nur Vorschriften in Bezug auf ihre nationalen Budgets machen zu wollen (inklusive eines »Durchgriffsrechts« für die Kommission und zu allem fähige oder zumindest zu vielem ermächtigte »Superwährungskommissare«), sondern sie aus Brüssel auch noch über das richtige Demokratieverständnis zu belehren. Allerdings kann man dieses Argument auch umkehren: Mal angenommen, es wäre so – scheitert der Euro, scheitert Europa; mal angenommen, es wäre so – ohne »Europäische Politische Union« scheitert der Euro: Ist es dann nicht eine zum Himmel schreiende Asymmetrie, wenn »Europa« zwar beim Haushalten gnadenlos durchgreift, aber nichts zum Schutz von Demokratie und Rechtsstaat tut?

Dieser Essay kann nicht alles auf einmal – die Eurokrise lösen und Brüssel als Hüter der Demokratie legitimieren. Aber im Schlusswort soll, was man *Europas doppelte Krise* nennen könnte, noch einmal als Ganzes in den Blick genommen werden. Denn ohne eine Neuverteilung der politischen Autorität in Europa werden sich beide Krisen wohl nicht lösen lassen.

Vorerst aber noch zu etwas ganz anderem: Im ersten Kapitel sollen die jüngsten Entwicklungen in Ungarn nachgezeichnet werden, nicht nur als »Fallbeispiel« für eine neue Art von Herausforderung für die liberale Demokratie in Europa, sondern auch um der Tendenz vorzubeugen, diese Herausforderung als eine Sache der »Osteuropäer« oder der »Südländer« abzutun, ganz so, als wären diese Völker Demokratie-Pennäler, die etwas schwer von Begriff sind oder in der Unterrichtsstunde »Transformationsprozesse zur Demokratie hin« nicht richtig aufgepasst haben. Zweifelsohne hat das Abdriften des Staates etwas mit der ungarischen politischen Kultur zu tun – aber doch auch viel mit der Art, wie die Versprechen von 1989 – Freiheit, Demokratie, Wohlstand – von den Eliten des Landes nur teilweise eingelöst wurden. Und auch die EU ist, wie sich zeigen wird, hier nicht ganz unschuldig.

I. Neue Herausforderungen an die liberale Demokratie in Europa: Zum Beispiel … Ungarn

Ungarn galt einmal als Musterland des sogenannten »Transformationsprozesses«, also des Übergangs von einem autoritären Staatssozialismus zu liberaler Demokratie und Marktwirtschaft nach dem Fall des Eisernen Vorhangs. Die Vorbedingungen schienen ausgezeichnet: Ungarn vor 1989 – das war »Gulaschkommunismus«; Ungarn – das war die Politik der »kleinen Freiheiten« und des Konsums auf etwas mehr als üblichem Ostniveau; Ungarn – das war »die fröhlichste Baracke des Ostblocks«, weil der Staat den Menschen, gerade im Vergleich zu Nachbarländern wie Rumänien und der Tschechoslowakei, relativ viel Freiraum ließen. János Kádár – ein einfacher Arbeiter, unehelicher Sohn eines slowakischen Zimmermädchens – wusste sich als jovialer Landesvater, gar als Mann des Volkes zu präsentieren, der die Logik des Totalitarismus ganz offiziell umkehrte: Es hieß nicht mehr »Wer nicht für uns ist, ist gegen uns«, sondern »Wer nicht gegen uns ist, ist für uns.«

Diese politische Milde war bekanntlich nicht der Herzensgüte Kádárs oder gar der Sowjets geschuldet – sie war vielmehr eine kalkulierte Antwort auf die Volkserhebung von 1956, die wohl wichtigste (und blutigste) Herausforderung der Hegemonie der Sowjetunion nach dem Zeiten Weltkrieg: Erst gab es massive Repressionen – dann wurde die Gesellschaft von den Kommunisten mit Konsum und kleinen Freiheiten ruhiggestellt (und, so Kritiker, korrumpiert). De facto führte der »Kádárismus« allerdings auch dazu, dass Ungarn sich relativ leicht aus dem Staatssozialismus befreien konnte – und dass gleichzeitig linke Ideen nach 1989 nicht völlig diskreditiert waren. Wie in anderen mittel- und osteuropäischen Ländern genossen Intellektuelle ein hohes Ansehen. Der erste frei gewählte Ministerpräsident war ein renommierter Medizinhistoriker und Museumsdirektor, der vom Habitus her ins Habsburgerreich gepasst hätte; mit dem linksliberalen Philosophen János Kis wurde ein besonnener, eher leiser Dissident Führer der größten Oppositionspartei.

Was erklärt dann, dass Ungarn gut zwei Jahrzehnte später zum demokratischen »Sorgenkind« der EU-Familie werden konnte? Was macht begreiflich, dass eine rechtsextreme Partei die EU-Flagge inmitten Budapests verbrannte und der ungarische Regierungschef Europa trotzig entgegenschleuderte, man sei keine Kolonie und werde sich nach der Besatzung durch Türken, Habsburger und Russen nun nicht von Brüssel unterjochen lassen? Solche Töne kannte man bisher nur von fanatischen EU-Skeptikern aus England – nicht von Politikern, die wirklich etwas zu sagen (und zu entscheiden) haben.

Für einige ungarische Intellektuelle – die darin dem sprichwörtlichen nationalen Hang zu Pessimismus und Melancholie treu bleiben – ist die Sache klar: Innerlich haben die Ungarn die Ideale von Rechtsstaat und Demokratie nie akzeptiert; der großen Euphorie um 1990 musste bei Menschen mit »Strohfeuerseele« (Péter Esterházy) irgendwann die ganz große Ernüchterung folgen. Vor allem für rechtsgerichtete, aber auch für manche liberale Beobachter ist die Sache aus anderen Gründen klar: Die Klischees über das sozialistische Ungarn verbergen die Tatsache, dass die Baracke gar nicht so fröhlich war und der paternalistische Sozialismus Kádárs ein schweres Erbe hinterließ: Die Menschen hatten Mühe, sich wirklich für sich selbst (und ihr Gemeinwesen) verantwortlich zu fühlen; Gulaschkommunismus war eben kein Protokapitalismus: Noch heute leidet das Land an weitverbreiteter Steuerhinterziehung und einer sehr geringen Erwerbsquote. Und überhaupt: Der sanfte Übergang zur liberalen Demokratie war wohl im Nachhinein zu sanft – ein wenig Revolution hätte dem Land gutgetan.

Zweifelsohne hat die derzeitige Aushöhlung des Rechtsstaats auch etwas mit der ungarischen politischen Kultur zu tun – nicht zuletzt einer eigentümlichen Mischung aus prinzipieller Staatsfeindschaft (»das Gemeinwesen ist eigentlich gar nicht unser«) und kontinuierlicher Staatsabhängigkeit (die der Kádárismus kräftig gefördert hatte).[6] Die eigentliche Erklärung findet sich jedoch weniger in den Tiefen der Volksseele als im Zusammenfluss von Entwicklungen, die – mit etwas Glück, und vor allem mit etwas anderen politischen Eliten und etwas weniger Gleichsetzung von Liberalisierung mit Korruption und Raubtierkapitalismus – auch in eine bessere Richtung hätten gehen können. Ungarn wäre das heutige Musterland Polen; Polen unter den Kaczyński-Brüdern hätte vielleicht das heutige Ungarn werden können – obwohl die polnischen Zwillinge wohl nicht die machtpolitische Finesse eines Orbán hatten, der die Szene in Ungarn nun schon gut fünfzehn Jahre dominiert (weswegen politische Analysen innerhalb und außerhalb des Landes oftmals auf einer Geheimwissenschaft namens »Orbánologie« zu gründen scheinen).

Warum es so kam – das soll hier kurz erzählt werden. Danach wird mit groben Strichen nachgezeichnet, wie Europa bisher auf die Entwicklungen in Ungarn reagiert hat – und wie wiederum die ungarische Regierung mit der EU gespielt hat. Am Ende soll auch gefragt werden, mit welchen Begriffen man ein politisches System, wie es heute in Ungarn existiert, fassen kann. Ein Teil der neuen Herausforderungen an die liberale Demokratie – und an die EU – besteht schließlich darin, dass uns schlicht die Sprache fehlt, um ein Abdriften (oder bewusstes Lenken) ins Autoritäre zu verstehen. Der Weißrusse Lukaschenko, da ist man sich unter europäischen Beobachtern sicher, ist ein lupenreiner Diktator; bei Putin kann es wohl auch keine großen Zweifel mehr geben, dass der Mann ein autoritäres Russland schaffen will. Aber auch wenn Kritiker im Land ihn bisweilen als »Viktator« beschimpfen, ist es doch absurd, Viktor Orbán einfach als »Diktator« oder »Puszta-Putin« zu klassifizieren. Sein Regime verschlägt uns buchstäblich die politische Sprache; Analogien zu Staatsformen des 20. Jahrhunderts helfen kaum weiter, ja verwirren eher; das gleich gilt für Neuschöpfungen wie »Demokratura« (György Konrád); und das ganze Vokabular der »Postdemokratie«, das inzwischen in Westeuropa überaus populär geworden ist, trifft die Sache auch nicht.[7] Doch womit haben wir es dann zu tun?

Ein gescheiterter Übergang?

Nach 1989 hat man die Runden Tische in Mittel- und Osteuropa oft als große politische Innovation gepriesen. Sie hätten eine »Refolution« (Timothy Garton Ash) möglich gemacht, eine Mischung aus Reform und Revolution – kompromissbereit, pluralistisch und moderat in der Methode, aber mit grundstürzenden Veränderungen im Ergebnis. Hier konnte Ungarn als eine Art Paradebeispiel herhalten: Der Runde Tisch ermöglichte durch einen Pakt zwischen alten und neuen Herrschern einen sanften Übergang zur parlamentarischen Demokratie. Versuche der kommunistischen Eliten, sich von vornherein viel Macht im neuen System zu sichern, scheiterten am Widerstand zweier dezidiert liberaler Parteien, des Bundes Freier Demokraten (SzDSz) und des Bundes Junger Demokraten (Fidesz), welche in einer Volksabstimmung erreichten, dass erst ein neues Parlament und dann der Präsident des Landes von diesem Parlament gewählt werden sollte (die Kommunisten hatten gehofft, sich mit dem populären Reformer Imre Pozsgay bei einer zügigen Direktwahl des Präsidenten durchsetzen zu können).

Im Nachhinein ist oft bemängelt worden, dass nicht schon während des »Systemwechsels« (so der unter Ungarn gebräuchliche Ausdruck) eine brandneue Verfassung verabschiedet wurde. Vielmehr änderte der Runde Tisch die existierende Verfassung, die ursprünglich aus dem Jahr 1949 stammte, Artikel für Artikel ab (der einzige Artikel, der am Ende – so ein weit verbreiteter Witz – unverändert blieb, lautete: »Budapest ist die Hauptstadt Ungarns«). Versuche, ähnlich wie in Südafrika und Polen, nach langer Deliberation und unter Einschluss aller etablierten Parteien eine neue Verfassung – als genuines Gründungsdokument, ja als Kristallisationspunkt eines neuen Verfassungspatriotismus – zu kreieren, scheiterten Mitte der neunziger Jahre. Stattdessen wurde das sehr aktive Verfassungsgericht – bewusst dem Karlsruher Modell nachempfunden – zu einem indirekten Verfassungsgeber, welcher die grundlegend abgeänderte 49er-Konstitution umfassend im Lichte liberaldemokratischer Prinzipien interpretierte (und damit de facto weiterentwickelte).

Die ersten freien Wahlen gewann das konservative Ungarische Demokratische Forum (MDF). Regierungschef József Antall, vom Selbstverständnis her »ein national engagierter, an ein einheitliches Europa glaubender, liberaler Christdemokrat«, versprach eine Politik der »ruhigen Kraft«.[8] Doch wurden bald Beschwerden laut, die neue Regierung kümmere sich mehr um symbolische Fragen wie die Umbenennung von Straßen und Plätzen sowie die Wiedereinführung alter Adelstitel als um die Wirtschaft (zudem entfesselte das MDF einen umfassenden »Medienkrieg« gegen liberale Kritiker vor allem im Fernsehen, das sie direkt der Regierung unterstellen wollte). Viele Bürger sahen sich in ihrer Hoffnung enttäuscht, schon bald so leben zu können wie die Menschen in Wien, das nur wenige Zugstunden entfernt liegt und das viele Ungarn, die von ihrer (kleinen) Reisefreiheit Gebrauch gemacht hatten, aus eigener Anschauung kannten.

So wählten sie denn 1994 mit großer Mehrheit eine Partei, die vor allem wirtschaftliche »Expertise« und Erfahrung in der Staatskunst versprach – niemand anderes als die Sozialistische Partei, also die Erbin des alten Regimes. Um Befürchtungen entgegenzutreten, man werde wie die Stalinisten in den späten vierziger Jahren die Regierungsmacht zur Eliminierung anderer Parteien benutzen, gingen die Sozialisten unter Gyula Horn als eine Geste des politischen Goodwill eine Koalition mit einem Partner ein, welchen sie zum Regieren eigentlich gar nicht gebraucht hätten. Dieser Partner war ausgerechnet die Partei der einst schärfsten Kritiker des alten Regimes – der Bund Freier Demokraten (SzDSz), das Sammelbecken der liberalen Dissidenten.

Und (eine weitere Ironie) ausgerechnet unter dieser nominell linksliberalen Regierung ging es nun richtig los mit dem Kapitalismus. Und auch mit der Korruption.[9] Und mit dem Stutzen des vom Kádárismus ererbten Wohlfahrtsstaates. So kam denn schon 1998 eine andere Parteiengruppierung an die Macht: eine Koalition unter Führung Victor Orbáns. Orbán hatte 1988 den Bund Junger Demokraten (Fidesz) gegründet, wobei er und seine Mitstreiter es wirklich ernst meinten mit dem Wort »jung«: Alle Mitglieder mussten unter 35 sein. Fidesz war dabei zunächst eher eine Art Vereinigung von Jurastudenten, die an radikalliberalen (und antiklerikalen) Ideen Gefallen gefunden hatten; sie idealisierten Margaret Thatcher und sollten sich später folgerichtig der Liberalen Internationale anschließen. Nationale Berühmtheit erlangte Orbán im Juni 1989, als er bei der offiziellen Gedenkfeier für Imre Nagy – den Reformkommunisten, der 1956 an der Regierung war und 1958 hingerichtet wurde – eine feurige Rede auf dem Budapester Heldenplatz hielt. Mit langen Haaren und Dreitagebart glich Orbán eher einem Dichter des Sturm und Drang; er forderte die Russen auf, endlich nach Hause zu gehen; vor allem aber, so Kritiker, hielt er sich nicht an das vor der live im Fernsehen übertragenen Veranstaltung zwischen dem Staat und den Dissidenten getroffene Abkommen, das Regime nicht direkt zu attackieren. Stattdessen rief Orbán, die Ungarische Sozialistische Arbeiterpartei habe die Jugend – vor allem auch seine Generation – um ihre Zukunft gebracht.

Orbáns eigene Zukunft sah dann aber gar nicht so schlecht aus: Mit einem Stipendium des Milliardärs George Soros ausgestattet, studierte er in Oxford; zu Hause in Ungarn versuchte er, sich von der Rolle als libertärer Juniorpartner des SzDSz zu emanzipieren. Dies gelang ihm schließlich auch, allerdings auf eine Weise, mit der kaum jemand gerechnet hatte: Nachdem das Ungarische Demokratische Forum Mitte der neunziger Jahre drastisch an Unterstützung verlor, wurde auf der rechten Seite des politischen Spektrums plötzlich Raum frei, den Orbán nun füllen wollte; er erfand Fidesz noch einmal ganz neu, dieses Mal als nationalkonservative, dezidiert christlich ausgerichtete Partei. Fidesz kehrte denn auch der Liberalen Internationale den Rücken und schloss sich der Europäischen Volkspartei an, dem Sammelbecken der Christdemokraten des Kontinents.

In einer Hinsicht war Orbáns erste Regierungszeit von 1998 bis 2002 (zu deren Beginn der Premier gerade einmal 35 Jahre alt war) erfolgreich: Es gelang ihm, die Parteien rechts von Fidesz entweder zu absorbieren oder de facto zur Bedeutungslosigkeit zu verdammen. Anderweitig sah seine Bilanz weniger rosig aus: Das Staatsdefizit wuchs, wieder wurden Korruptionsvorwürfe laut, wieder schien es mehr um Symbolpolitik als um handfeste wirtschaftliche

Fortschritte zu gehen (am Ufer der Donau entstand ein grotesk bombastisches Nationaltheater; die Heilige Krone des Staatsgründers, des Heiligen Stephan – auf deren Bedeutung wir unten ausführlicher zurückkommen werden –, wurde vom Museum ins Parlament überführt; das Land durchlebte einen weiteren »Medienkrieg«, in dem Fidesz versuchte, den staatlichen Rundfunk zu beeinflussen, aber auch daranging, ein eigenes, rechtslastiges privates Medienimperium aufzubauen).

Die unerwartete Wahlniederlage 2002 gegen das erneuerte Bündnis aus Sozialisten und Liberalen war für Orbán dann geradezu traumatisch. Er rief zur Bildung von Bürgerkomitees auf – ganz so, als müsste sich die Zivilgesellschaft wieder gegen einen autoritären Staat organisieren; er wandte also innerhalb eines Gemeinwesens, das inzwischen eigentlich als leidlich konsolidierte liberale Demokratie gelten konnte, eine Art Dissidenten-Strategie an. Doch Orbán ging noch weiter: Er verkündete, die Nation könne gar nicht in der Opposition sein, ein populistisches Gedankenmuster, das später noch viele Male in der politischen Vorstellungswelt von Fidesz und seinen Anhängern auftauchen sollte: Fidesz *verkörpert* das ungarische Volk. Sogar wenn andere Parteien auf dem Papier eine Mehrheit haben, verschafft ihnen das keine Legitimität. Nur die Nation darf die Nation regieren. Aus dieser Perspektive kann es eine legitime Opposition gegen Fidesz im Prinzip gar nicht geben.[10]

Gewinner der Wahl 2002 war der parteilose Péter Medgyessy, vormals Apparatschik im alten Regime, später Finanzminister und nun Spitzenkandidat der Sozialisten. Als sich herausstellte, dass er auch als geheimer »Abwehroffizier« der Gegenspionage unter Kádár agiert hatte, hielten ihm Sozialisten und Liberale die Stange – vor allem für Letztere bedeutete dies einen weiteren moralischen Kompromiss, der sie viel an Glaubwürdigkeit kosten sollte. Dissidenten hatten, frei nach Havel, einst in der Wahrheit leben wollen; einmal im moralischen Grau-in-Grau der real existierenden Demokratie angekommen, schien es jedoch immer wieder gute (Macht-) Gründe zu geben, sich moralisch ein wenig flexibel zu zeigen.[11]

2004 musste Medgyessy dann doch gehen, nachdem er auf unverantwortliche Weise den Wohlfahrtsstaat aufgebläht hatte: Die

Ungarn bekamen eine dreizehnte Monatsrente, einfach so, und allerhand anderes, was im Nachhinein nur als eine Anhäufung von Wahlgeschenken (und als vergeblicher Versuch eines Parteilosen, sich eine eigene Gefolgschaft zu sichern) verständlich scheint. Medgyessys Nachfolger, der politisch hochtalentierte Ferenc Gyurcsány, ist einer der reichsten Männer Ungarns und – so wurden immer wieder Vorwürfe laut – zwar der Sohn einer alleinerziehenden Arbeiterin, aber eben auch Angehöriger einer Art Jeunesse dorée des alten Regimes, der seine Parteiverbindungen habe spielen lassen, um nach 1989 ein Vermögen anzuhäufen. Gyurcsány verstand sich als ein Sozialdemokrat des »Dritten Wegs«, als osteuropäische Version von Blair oder Schröder, hielt sich aber mit immer unerlässlicher werdenden Haushaltskürzungen erst einmal deutlich zurück.

Orbán verlor auch die Wahlen im April 2006, bei denen zum ersten Mal in der Geschichte des neuen Ungarn eine Regierung im Amt bestätigt wurde. Die Niederlage kostete ihn fast seine politische Existenz. Zu seinem politischen Lebensretter sollte schließlich kein anderer als Gyurcsány werden. Der Chef der Sozialisten hielt Ende Mai 2006 eine Rede vor Parteifunktionären, in der er zugab, sie alle hätten morgens, mittags und abends gelogen; nun sei es Zeit, den Wählern endlich die Wahrheit über die Staatsfinanzen zu sagen – und mit einer rigorosen Sparpolitik zu beginnen. Gyurcsány bereitete die Genossen darauf vor, dass die Genossen kurz- und mittelfristig Mandate verlieren werde, betonte jedoch, dass die Genossen langfristig die Gunst der Wähler zurückerobern würden. Damit die Partei endlich begriff, wie ernst die Lage war, bediente sich Gyurcsány vieler Kraftausdrücke. Kurz gesagt: Es war eine äußerst vulgäre Rede, in den Augen mancher politisch unbeteiligter Beobachter allerdings zugleich ein rhetorisches Meisterstück – auf das Gyurcsány sich im Übrigen nach wie vor stolz zeigt.[12]

Bis heute ist nicht bekannt, wie die Rede schließlich Monate später an die Presse gelangte. In der Folge kam es im Herbst 2006 zu Demonstrationen und Ausschreitungen – also just in der Zeit, als sich der Volksaufstand von 1956 zum fünfzigsten Mal jährte. Das Gebäude des ungarischen Fernsehens wurde gestürmt; Rechtsradikale marschierten durch die Straßen und deklarierten ein neues 1956; ein Mann bemächtigte sich gar eines sowjetischen Panzers, der Teil einer Freilichtausstellung zu 1956 war, und fuhr auf eine Menschenmenge zu (glücklicherweise ging das Benzin rechtzeitig aus). Die Polizei wirkte manchmal völlig hilflos, manchmal überreagierte sie und ging brutal gegen friedliche Demonstranten vor. Ein Tabu, das nach der blutigen Niederschlagung des Aufstandes von 1956 auf allen Seiten respektiert worden war, schien gebrochen: Es gab wieder politisch motivierte Gewalt in den Straßen von Budapest. Und Orbán? Er mobilisierte seine Bürgerkomitees und forderte Gyurcsánys sofortigen Rücktritt. Einmal mehr insistierte er darauf, sein politischer Gegner genösse keinerlei Legitimität: Sobald Gyurcsány im Parlament zu einer Rede ansetzte, verließ Orbán mit seinen Fidesz-Leuten demonstrativ den Saal.

Im Frühjahr 2009, als auch Ungarn von der Finanzkrise erschüttert wurde und kurz vor dem Staatsbankrott stand, gab Gyurcsány schließlich doch auf. Er überließ die Regierungsgeschäfte seinem parteilosen Wirtschaftsminister Gordon Bajnai, seines Zeichens ebenfalls Unternehmer, der drastische Sparmaßnahmen durchsetzte. Im April 2010 kam die Nation dann endlich wieder an die Macht: Bei den Parlamentswahlen erlangte Fidesz knapp unter 53 Prozent der abgegebenen Stimmen; aufgrund des ungarischen Wahlsystems wurden daraus jedoch mehr als zwei Drittel der Sitze im Parlament – eine Mehrheit, die ausreichte, um jederzeit die Verfassung ändern zu können.[13] Drittstärkste Kraft wurde die rechtsextreme Jobbik-Partei, knapp hinter den Sozialisten, die tief im Korruptionssumpf steckten und deren Modernisierungsprojekt à la Anthony Giddens kläglich gescheitert war. Der Bund der Freien Demokraten und das Ungarische Demokratische Forum – 1990 noch die beiden stärksten Parteien – verschwanden ganz. Jahre von Kungelei und allzu großer moralischer Kompromissbereitschaft hatten ihren Preis gefordert.

Eine »Revolution an den Wahlurnen«?

Orbán deklarierte das Ergebnis kurzerhand zu einer »Revolution an den Wahlurnen«. Er verkündete nicht nur ein neues Regierungsprogramm, sondern gleich einen Systemwechsel – beziehungsweise die Vollendung des »Wandels« von 1989/1990. Ein neues »System nationaler Kooperation« wurde ausgerufen, seine Prinzipien in einer Art Urkunde unter dem Titel »Es sei Friede, Freiheit und Einheit« zusammengefasst, die fortan alle Behörden prominent in ihren Räumen anzubringen hatten: »Arbeit, Heim, Familie, Gesundheit und Ordnung«.[14] Darüber hinaus wollte Orbán nun eine neue Verfassung – ein Thema, von dem im Wahlkampf nicht die Rede gewesen war.

Die alte Verfassung legte fest, dass für die Vorbereitung einer neuen Konstitution nicht nur die Stimmen von zwei Dritteln, sondern von vier Fünfteln der Parlamentsabgeordneten notwendig seien. Jeder einzelne Artikel der alten Verfassung konnte jedoch mit einer Zweidrittelmehrheit im architektonisch dem britischen House of Commons nachempfundenen Parlament am Donauufer geändert werden (eine »Ewigkeitsklausel« wie im deutschen Grundgesetz gab es nicht). So machten die Fidesz-Abgeordneten aus der nötigen Vierfünftel- kurzerhand eine Zweidrittelmehrheit – und einer neuen Konstitution stand nichts mehr im Weg.

Nicht nur dieser Schritt erschien in den Augen nationaler und internationaler Kritiker zwar nicht als illegal, aber als illegitim: Er verletzte nicht die Buchstaben, aber doch den Geist der Gesetze. Mit rasender Geschwindigkeit wurde zudem ein Gesetzesentwurf nach dem anderen im Parlament eingebracht – allerdings nicht von der Regierung, sondern von einzelnen, quasi als politische Privatpersonen agierenden Abgeordneten (im britischen System spricht man in solchen Fällen von »private members bills«). Dies hatte zur Folge, dass die Entwürfe nicht lange debattiert werden mussten, sondern gleich zur Abstimmung gebracht werden konnten. Als das Verfassungsgericht neue Gesetze beanstandete, wurden ihm kurzerhand die Befugnisse beschnitten.

Zwei Trends zeichneten sich in Fidesz' »nationaler Revolution«

ab: Man baute den Staat dergestalt um, dass neue Behörden zur Aufsicht beispielsweise über die Medien und die Haushaltspolitik entstanden – und diese Behörden wurden im Regelfall mit Parteileuten oder zumindest parteinahen Personen besetzt. Was in der politischen Theorie bisweilen als notwendige »Entpolitisierung« von Entscheidungen normativ gerechtfertigt wird[15] – man entzieht sie dem tagtäglichen parteipolitischen Streit und vertraut sie einer überparteilichen Instanz an, die im langfristigen Interesse des Gemeinwesens handelt (Beispiele: Volksanwälte, Bürgerbeauftragte oder Ombudsmänner für Beschwerden über Diskriminierung) –, wurde nur zur Hälfte umgesetzt: Man entpolitisierte Entscheidungen, besetzte dann allerdings Posten in den nicht direkt gewählten (und nicht direkt dem Parlament rechenschaftspflichtigen) Institutionen mit Parteileuten, zum Teil für ungewöhnlich lange Zeiträume (bis zu neun Jahren, also länger als zwei Legislaturperioden), so geschehen in der Medienaufsichtsbehörde. Bereits bestehende Institutionen wie das Verfassungsgericht wurden erweitert – die Zahl der Richter stieg von elf auf 15, zu ihrer Wahl bedurfte es nicht mehr der Mehrheit der Parteien im Parlament, die Amtszeit der Richter wurde von neun auf zwölf Jahre erhöht. De facto wurde parteipolitische Macht so auf lange Zeit (und unabhängig vom Ausgang zukünftiger Wahlen) zementiert. Offenbar hatte Orbán aus der traumatischen Niederlage von 2002 nicht zuletzt die Lehre gezogen, dass man den Staat (und die Medien) quasi ganz okkupieren müsse – die vermeintliche Nation an sich sollte die Institutionen permanent beseelen.

Der zweite Trend bestand in dem Versuch, mit nationaler Symbolpolitik die Wähler von Jobbik für sich einzunehmen. Orbán hatte es ja bereits einmal geschafft, die Parteien rechts von Fidesz entweder zu zerstören oder sich gefügig zu machen. So wurde denn flugs der 4. Juni zu einem neuen Nationalfeiertag erklärt – jenes Datum, an dem 1920 der Vertrag von Trianon unterzeichnet wurde, welcher Ungarn zwei Drittel seines Staatsgebietes kostete und große ungarische Minderheiten in angrenzenden Ländern zurückließ. Gerade als deutscher Beobachter sollte man sich damit zurückhalten, ringsum Zensuren im Fach Vergangenheitsbewältigung zu verteilen. Es lässt sich jedoch kaum bestreiten, dass Trianon in Ungarn eine besondere Art unbewältigter Vergangenheit darstellt und dass sich hier Gefühle von verlorener Größe und gekränktem Nationalstolz sehr leicht – zu leicht – politisch mobilisieren lassen. Vor allem finden sich diese Gefühle nicht nur am rechten Rand der Gesellschaft, sondern auch in dem Bereich, den man eigentlich als ihre bürgerliche Mitte bezeichnen würde. Schätzungen zufolge hat jedes zwanzigste Auto in Ungarn ein Landeskennzeichen in der Form von »Großungarn« – also des Ungarns in den Grenzen *vor* Trianon, zu dem beispielsweise auch Teile Kroatiens und der heutigen Slowakei gehörten.[16] Sogar liberale Ungarn versichern dem besorgten Beobachter gerne, die Fahrer dieser Autos wollten nicht morgen die Magyaren-Armee mobilisieren und in den Nachbarländern einmarschieren, sondern höchstens an verlorene kulturelle Größe erinnern. Doch Tatsache bleibt, dass sich eine Symbolik, die in vielen anderen Ländern nur ganz rechts außen Anklang findet, immer weiter im Alltagsleben verbreitet – ob als Aufkleber oder als Schlüsselanhänger in Form Großungarns.

Versuche, die Fans dieser rechtsnationalistischen Populärkultur anzusprechen, erklärt auch eine Verschiebung in der politischen Rhetorik von Fidesz. Ursprünglich propagierte Orbán eine Art neue ungarische Bürgerlichkeit: Das Problem des Landes bestehe darin, dass der Staatssozialismus die bürgerliche Moral von Anstand, Familienzusammenhalt und harter Arbeit systematisch ausgehöhlt habe. Das neue Ideal hieß »polgár«, ein Begriff, den man am ehesten mit »Bürger« übersetzen kann und der den Übergang vom anfänglichen Liberalismus von Fidesz zur christdemokratischen Ausrichtung zunächst relativ plausibel erschienen ließ. Dieses Selbstbild ist, wie wir noch sehen werden, in der Außendarstellung von Fidesz in Europa weiterhin dominant.

Neben das Ideal der Bürgers trat aber bald ein weiteres, nämlich das der (ethnisch definierten) Nation oder ungarisch »nemzet«. Hier ging es nicht mehr so sehr um Arbeit, Familie und Gemeinsinn, sondern um die Zugehörigkeit zu einer Nation, die historisch immer kollektive Heldin und Opfer zugleich ist. Die ungarische Geschichte, so die gängige Lesart, ist von tragischen Niederlagen und heroischer Selbstbehauptung gegen übermächtige Feinde gekennzeichnet – ob nun gegen Türken, Österreicher oder Russen. Wegen ihrer Sprache ist die Nation einzigartig, aber nicht jeder, der Ungarisch spricht, ist auch ein wahrer Ungar – die oft als »Fremdherzigen« oder gar »Fremdartigen« Bezeichneten, deren Herz nicht für die Nation schlägt (sondern für die Besatzer oder kosmopolitische Ideale oder gar das internationale Judentum ...), die gehören eben nicht dazu.

Es ist insofern nicht mehr ganz so verwunderlich, wenn Orbán sich heute, wie in einem Interview mit der französischen Tageszeitung *Le Monde* geschehen, als »rechten Proletarier« beschreibt. Der Mann, der einst Margaret Thatcher bewunderte, bläst nun zum Kampf gegen multinationale Unternehmen, vor denen er die kleinen Leute in der Heimat beschützen will. Die Nation als Ganze ist heute in Europa eine Art »Proletarier« – ein Underdog, der von den großen, reichen EU-Ländern gegängelt und ausgebeutet wird, aber eben zugleich ein Land, das schon mit ganz anderen Herausforderungen fertiggeworden ist.

Beide Trends – die Aushöhlung von Demokratie und Rechtsstaat durch vermeintliche Entpolitisierung sowie eine dezidiert nationalistische Symbolpolitik – sollten sich schließlich in der neuen Verfassung niederschlagen.[17] Das Dokument wurde in Rekordzeit erstellt, man sprach gar von der ersten »I-Pad-Verfassung«, weil ein Fidesz-Politiker (der Mann der bereits erwähnten Tünde Handó) sie auf seinem Tablet geschrieben hatte. Das neue »Grundgesetz« (so der offizielle Name) kam ohne Beteiligung der Opposition oder irgendwelcher gesellschaftlicher Gruppen zustande, dafür gab es eine über Rundschreiben abgewickelte »nationale Konsultation«, wobei die Antworten keinerlei nachweisbaren Einfluss auf das Ergebnis hatten.[18] Der neue Präsident des Landes, der ehemalige Fecht-Olympiasieger und Fidesz-Mann Pál Schmitt, verkündete das neue »Grundgesetz« am Ostermontag 2011 (Schmitts Vorgänger László Sólyom, der hochangesehene ehemalige Präsident des Verfassungsgerichts, der von Fidesz ins Amt gewählt worden war, hatte 2010 Orbáns Unterstützung verloren, weil er bisweilen auch einmal ein Gesetz ans Parlament zurückgehen ließ und sich zudem weigerte, die Urkunde über das neue System nationaler Zusammenarbeit in seinem Büro zur Schau zu stellen; Schmitt hingegen hatte bereits im Vorfeld seiner Wahl zugesichert, dass er alles, aber auch wirklich alles klaglos unterschreiben würde; im April 2012 trat er zurück, nachdem sich herausgestellt hatte, dass es sich bei seiner Doktorarbeit größtenteils um ein Plagiat handelte). Gegenüber der Außenwelt wurde verkündet, Ungarn habe nun endlich mit seiner stalinistischen Vergangenheit gebrochen, mit der »Osterverfassung« habe der Systemwandel seine Sanktion und seinen Segen erhalten. Die Präambel schrieb dabei die von Fidesz vorgegebene Deutung der ungarischen Geschichte ein für alle Mal fest, dem ethnischen Verständnis der Nation wurde Verfassungsrang verliehen, dem Christentum eine zentrale Rolle zugewiesen – und das in einem Land, in dem nur etwa zwanzig Prozent der Bürger in die Kirche gehen. Die heilige Stephanskrone wurde zum eigentlichen Träger der ungarischen Souveränität erklärt; sie war nun nicht mehr nur das Symbol staatlicher Kontinuität über die Jahrhunderte hinweg, sondern wirklich ein heiliges Objekt, auf deren Beleidigung eine drakonische Strafe steht. Schließlich fand sich in der Präambel noch eine auf den ersten Blick nicht so offensichtliche Form historischen Revisionismus: Das Land, so die Fidesz-Lesart der Geschichte des 20. Jahrhunderts, habe sich vom 19. März 1944 bis zu den ersten freien Wahlen 1990 im Besatzungszustand befunden. De facto leugnet diese Behauptung einen Gutteil der Verantwortung für den Mord an den ungarischen Juden; zwar besetzten deutsche Truppen das Land im März 1944, der Reichsverweser Miklós Horthy blieb jedoch nominell bis Mitte Oktober an der Macht, und auch danach gab es eine ungarische Regierung – die der Pfeilkreuzler, einer hausgemachten faschistischen Bewegung.

Im Hauptteil der Verfassung setzt sich die Tendenz fort, Entscheidungen, die andernorts der tagespolitischen Auseinandersetzung überlassen sind, zu konstitutionalisieren. Viele Artikel verweisen zudem auf detaillierte Regelungen in sogenannten »Kardinalgesetzen«, die das Parlament mit Zweidrittelmehrheit beschließen muss und die den Trend zur »Überkonstitutionalisierung« noch einmal verschärfen: Sozial-, Finanz- und Wirtschaftspolitik bis hin zum Steuersatz (einer unter Fachleuten höchst umstrittenen »flat tax«) wurden in diesen Kardinalgesetzen seit Verabschiedung der »Osterverfassung« *en détail* festgelegt; jede zukünftige Regierung, die nicht über die für Verfassungsänderungen notwendige Mehrheit verfügt, wird vor diesem Hintergrund einen sehr eingeschränkten oder gar keinen Handlungsspielraum vorfinden. Für Nicht-Fidesz-Regierungen scheinen Verfassungskrisen somit vorprogrammiert.

Auf Kritik am neuen Grundgesetz reagierten Fidesz-Vertreter immer wieder mit zwei Argumenten: Zum einen wurde inbrünstig wiederholt, dass sich das Land vor 2010 in einer katastrophalen Lage befunden habe, weshalb nichts weniger als ein vollständiger Systemwechsel erforderlich gewesen (und von den Wählern auch gefordert worden) sei. Zum anderen insistierten sie, dass sich zu allen Verfassungsartikeln Parallelen in anderen europäischen Ländern finden ließen, deren liberaldemokratischer Charakter über jeden politischen Zweifel erhaben sei. Kurz: Niemand rege sich lange darüber auf, dass in der polnischen und der irischen Verfassung dem Christentum ebenfalls eine zentrale Rolle zugewiesen werde (die irische wurde gar im Namen der Heiligen Dreifaltigkeit erlassen).[19] Und überhaupt: Was solle Kritik an einer »Überkonstitutionalisierung«, wo doch Angela Merkel heute vielen europäischen Ländern die »Schuldenbremse« aufzwinge – welche bekanntlich genau dazu dient, den finanzpolitischen Spielraum von Regierungen drastisch einzuschränken?

Es ist zweifelsohne richtig, dass die »Osterverfassung« sich klar zu Demokratie und Rechtsstaatlichkeit bekennt. Es ist zudem richtig, dass sich in anderen Verfassungen Parallelen zu vielen von Kritikern monierten Artikeln des neuen ungarischen Grundgesetzes finden lassen. Es ist allerdings *nicht* richtig, dass sich die Kritik an diesem Grundgesetz deswegen als allein parteipolitisch oder ideologisch motiviert abtun lässt. Dafür gibt es mindestens drei Gründe: Erstens summieren sich die Artikel der neuen Verfassung zu einem potenziell illiberalen Ganzen, und zwar vor allem dann, wenn man sich in Erinnerung ruft, dass alle Artikel im Lichte der Präambel (mit ihrem »Nationalen Bekenntnis«) sowie der »Errungenschaften der historischen Verfassung« – also wohl dem Konzept der heiligen Stephanskrone – zu interpretieren sind. Zweitens findet sich für die bereits ausführlich diskutierte Überkonstitutionalisierung, inklusive der Beschneidung der Kompetenzen des Verfassungsgerichts, kein Parallelfall; sie wurde denn auch von internationalen überparteilichen Experten scharf kritisiert.[20] Und drittens darf man die Verfassung nicht isoliert betrachten, sondern sie muss im Zusammenhang gesehen werden mit der politischen Gesamtsituation in Ungarn – und den politischen Strategien, die Fidesz dort seit 2010 verfolgt.

Diese Strategien zielen nicht auf einen offen autoritären »Führerstaat«, aber doch auf eine hochzentralisierte, in Teilen illiberale Demokratie, die das Gefüge der *checks and balances* systematisch unterminiert, die Medien einschüchtert oder de facto direkt kontrolliert, die Zivilgesellschaft schwächt – und die es zumindest sehr wahrscheinlich macht, dass Fidesz bis auf Weiteres Wahlen gewinnt (oder, sollte sie eine Wahl verlieren, weiterhin wichtige Teile des Staates kontrollieren kann).[21] Das von Fidesz vorgesehene Wahlgesetz, das im Januar 2013 vom Verfassungsgericht in weiten Teilen für nichtig erklärt wurde, verstärkt diesen Eindruck: Wäre es nach Fidesz gegangen, hätten diejenigen Bürger, die sich nicht zu einem bestimmten Zeitpunkt als Wähler hätten registrieren lassen, gleich auf vier Jahre ihr Wahlrecht verloren.[22] Unentschlossene, Spontanwähler und vor allem Angehörige ärmerer Schichten hätten damit wahrscheinlich ihr Wahlrecht ganz eingebüßt – eine Dynamik, die aus den USA bekannt ist, wo es allerdings, anders als in Ungarn, kein Meldewesen gibt und die Registrierung und Erfassung von Wahlberechtigten folglich prinzipiell legitim ist. All dies wiederum muss im Zusammenhang mit einer Parlaments- und Wahlbezirksreform gesehen werden, die Fidesz, so sie denn stärkste Partei bleibt, enorme Vorteile verschafft.

Es drängen sich also durchaus Parallelen zu Putins »gelenkter Demokratie« auf. Sicher wird es in Ungarn weiterhin Wahlen geben, Orbán-Gegner werden in Budapest demonstrieren dürfen, kritische Stimmen werden schon irgendwo in den Medien ihre Nische finden. Wirkliche Machtwechsel werden jedoch immer unwahrscheinlicher – und zwar selbst für den Fall, dass die Oppositionsparteien die nächsten Wahlen gewinnen. Fidesz hält den Staat besetzt, und sollte eine zukünftige Regierung versuchen, aus den

Zwängen der »Überkonstitutionalisierung« auszubrechen, wird Fidesz sicherlich nach Hilfe aus Brüssel schreien und sich über Verletzungen der »Osterverfassung« beklagen. Weit mehr als Putin kommt Orbán zudem eine spezifische Errungenschaft der EU zugute: Wem es in Ungarn nicht passt, der kann ja (zumindest innerhalb der EU) woanders hingehen. Die Niederlassungsfreiheit bietet insofern die eleganteste (und am wenigsten repressive) Art, potenzielle Regimekritiker loszuwerden. Allerdings sollten wir auf der anderen Seite nicht vergessen, dass es bisher allein in mit reichen Ölvorkommen gesegneten Ländern gelungen ist, dauerhaft »gelenkte Demokratien« zu etablieren.

Noch zwei Bemerkungen, bevor ich mich den Reaktionen der EU auf die Entwicklungen in Ungarn zuwende: Die wirtschaftspolitische Bilanz von Fidesz fällt bislang alles andere als positiv aus. Zwar verkündet Orbán immer wieder, Ungarn mache im Gegensatz zu vielen anderen europäischen Ländern seine Hausaufgaben, so sei etwa das Staatsdefizit deutlich gesunken. Verschwiegen wird dabei allerdings zweierlei: Die »nationale Revolution« sollte anfangs auch Wahlgeschenke an die Bürger mit sich bringen; die EU, Wächter über die Haushaltsdefizite, stellte sich dem entgegen – woraufhin Orbán Sondersteuern auf multinationale Unternehmen erhob. Darüber hinaus kam den Staatsfinanzen eine einmalige – und in den Augen von Kritikern hart an die Grenze der Legalität gehende – Aktion zugute: Faktisch wurden nämlich private Pensionsfonds zwangsverstaatlicht. Zudem profitieren regierungsnahe Oligarchen von der in der Selbstdarstellung geradezu globalisierungskritischen Wirtschaftspolitik von Fidesz; die Vorstellung, hier verteidige ein »rechter Proletarier« die kleinen Leute gegen die Multis, ist letztlich Propaganda. Sozialleistungen (und die Unterstützung für die Roma) wurden massiv gekürzt; auch deshalb ist es so wichtig, Angehörige ärmerer Schichten, die sich 2010 von den de facto neoliberalen Sozialisten ab- und Orbán zugewandt haben, möglichst von den Wahlurnen fernzuhalten. Die Versuche, Geld in Russland und vor allem in China aufzutreiben, sind bisher weitgehend gescheitert – was Orbán nicht davon abhielt, lauthals zu verkünden, mit dem Westen sei es eh vorbei, der Wind wehe nun aus dem Osten.

Zweitens ist es Orbán bisher nicht gelungen, Jobbik entscheidend zu schwächen. Das geistige Klima in Ungarn hat sich zweifelsohne sehr gewandelt, und zwar als Resultat eines Kulturkampfes im ursprünglichen Sinne: Hier ringen eigentlich nicht zwei politische Kontrahenten – Rechts und Links – um die kulturelle Deutungshoheit in einem tief gespaltenen Land; eher ließe sich sagen, dass hier wie bei Bismarcks Kampf gegen die katholische Kirche eine Regierung zum Angriff auf Teile der Zivilgesellschaft übergegangen ist, um ihre eigene gouvernementale Vision des nationalen Gemeinwohls umfassend und langfristig durchzusetzen (und damit auch den Jobbik-Wählern zu gefallen). Die Kontrolle über Schulen – und Curricula – wurde zentralisiert; Schriftsteller mit eindeutig faschistischer Vergangenheit wurden in den Lehrplan aufgenommen; ein »Freiheitsplatz« wurde zu Ehren des autoritären Staatslenkers der Zwischenkriegszeit in »Horthy-Platz« umbenannt; ja, man errichtete gar neue Statuen für den Reichsverweser.[23] Linken Philosophen drohten Gerichtsprozesse, weil sie angeblich staatliche Gelder veruntreut hätten; János Kis wurde vom Generalstaatsanwalt angezeigt, weil der liberale Philosoph ihn in einer Zeitschrift kritisiert hatte. In regierungsnahen Printmedien wird über jüdische Kritiker aus dem Ausland hergezogen. Der extrem nationalistische György Dörner wurde zum Direktor des Neuen Theaters in Budapest gemacht (der dann prompt den berüchtigten Antisemiten István Csurka als Stückeschreiber berief). Staatseigene oder -nahe Betriebe, so wird immer wieder berichtet, inserierten nicht mehr in regierungskritischen Medien; private, die es tun, bekämen plötzlich Besuch von der Steuerfahndung.

Um keine Missverständnisse aufkommen zu lassen: Fidesz ist keine faschistische Partei, Orbán ist kein Antisemit und schon gar nicht für Morde an Roma verantwortlich, wie bisweilen behauptet wird. Seine Strategie besteht jedoch weiterhin darin, keine politische Kraft rechts von sich zu dulden; dafür macht er schamlos Konzessionen an die Wünsche (und Fantasiewelten) von Jobbik-Unterstützern (was deren Positionen immer wieder als legitim bestätigt).[24] Gleichzeitig versucht Fidesz aber auch, sich – gerade im Ausland – als moderate bürgerliche Partei darzustellen, welche die Extreme in

Schach hält. Hier ähnelt die Logik ein wenig der Strategie der alten CSU: Wer keine NPD wollte, musste halt Strauß akzeptieren. Es ist ein gewagtes Doppelspiel, hinter dem wohl auch das Kalkül steckt, dass sich mit einem verschärften Kulturkampf, der bei Jobbik-Anhängern gut ankommen dürfte, mit Steuererleichterungen für wohlhabendere Ungarn sowie mithilfe der Einführung des Wahlrechts für Auslandsungarn (eine weitere Fidesz-Innovation) bei dem 2014 anstehenden Urnengang zumindest eine einfache Mehrheit wird zu Stande bringen lassen.

Europa greift ein – oder auch nicht

Wie hat Europa bisher auf die Entwicklungen in Ungarn reagiert? Ende 2010 und Anfang 2011 geriet das Land in der europäischen Presse erstmals negativ in die Schlagzeilen. Die Kritik richtete sich vor allem gegen das neue Mediengesetz, welches, so Stimmen im In- und Ausland, einer Zensur von Presse, Fernsehen und Internet Tür und Tor öffnete: Die Leiterin einer neuen, zentralisierten Medienbehörde, eine frühere Fidesz-Parlamentsabgeordnete, wurde vom Ministerpräsidenten persönlich auf neun Jahre ernannt; ein Medienrat, ausschließlich mit Fidesz-Leuten besetzt und automatisch unter Vorsitz der Leiterin der Medienbehörde, wurde ermächtigt, aufgrund sehr schwammiger Richtlinien über »ausgewogene Berichterstattung« drakonische Strafen zu verhängen; zudem konnten Journalisten zur Offenlegung ihrer Quellen gezwungen werden.[25] Die Beauftragte für Medienfreiheit der Organisation für Sicherheit und Zusammenarbeit in Europa (OSZE) bemerkte, derartige Machwerke seien bisher nur aus totalitären Ländern bekannt. Wie es der Zufall wollte, war es im ersten Halbjahr 2011 an Ungarn, die Ratspräsidentschaft der EU zu übernehmen; Stimmen – unter anderem die des luxemburgischen Außenministers – wurden laut, man dürfe dieses Amt nicht einem in Sachen liberaler Demokratie unsicheren Kantonisten übertragen. Die Venedig-Kommission, ein Expertengremium des Europarats für Fragen von Demokratie und Rechtsstaat, monierte Teile der neuen Verfassung und mehrere Kardinalgesetze. Die Europäische Kommission beanstandete neben dem Mediengesetz die mangelnde Unabhängigkeit der Zentralbank, des Datenschutzbeauftragten und der Justiz.[26]

Die Reaktion Orbáns lief nach dem bereits bekannten Muster ab. Nach außen wurde beteuert, man werde den Ratschlägen der EU folgen (und im Übrigen demnächst besser kommunizieren – Ungarn sei die große Unverstandene, nicht zuletzt wegen der einzigartigen Sprache). Nach innen brüstete man sich, die Magyaren würden sich keiner fremden Macht beugen, auch Brüssel nicht. Kurz gesagt: Im Ausland präsentierte sich Fidesz als Verfechter des »polgár«, dem eigenen Volk jedoch als heroischer Widerständler im Namen von »nemzet«. Wenn Gesetze wirklich geändert oder gar teilweise zurückgenommen wurden, war der Schaden oft bereits geschehen bzw. das machtpolitische Ziel erreicht – Fidesz konnte dann relativ leicht Konzessionen oder kosmetische Änderungen vornehmen. So geschehen etwa im Zusammenhang mit der Einschüchterung der Medien und der Zwangspensionierung von Richtern (die bis heute nicht wieder in ihre Ämter eingesetzt worden sind).

Gleichzeitig versuchte Orbán, seinen Kulturkampf zu europäisieren. Er behauptete immer wieder, Ungarn sei nur ein Brennpunkt im fundamentalen Konflikt zweier Zukunftsvisionen für Europa: einer linken, religions- und familienfeindlichen, für die etwa der prononcierte Orbán-Kritiker Daniel Cohn-Bendit stehe (der im Europäischen Parlament ein ums andere Mal gegen Fidesz wetterte); und einer am traditionellen Wertekatalog von Familie, Nation und Christentum orientierten konservativen. Verfechter letzterer Werte konstituierten, so Orbán, das »geheime Europa«, das sich kaum noch in eine von linken Medien dominierte Öffentlichkeit traue, dem aber nichtsdestotrotz die Zukunft gehöre.[27] Er betonte: »Ich bin überzeugt, dass Zigmillionen EU-Bürger es satt haben, in alt-linken ideologischen Bahnen zu denken. Sie wollen sich nicht verbieten lassen, über Werte wie Christentum, Heimat, Nationalstolz, Familie zu reden. Wir stehen für unsere Werte und unsere Nation, auch wenn es Gegenwind gibt. Und auch wenn der Gegenwind Orkanstärke erreicht.«[28]

Der ungarische Regierungschef verstand es geschickt, die Diskussion um Rechtsstaat und Demokratie umzucodieren: Statt um konkrete Institutionen ging es nun um kulturelle Ideen und Werte bzw. um Interessen (nämlich die der großen europäischen Unternehmen, welche die EU angeblich für die ökonomische Unterjochung der Ungarn eingespannt hätten). Zwar nahmen relativ wenige führende Politiker diese Einladung zum gesamteuropäischen Kulturkampf an – aber ganz folgenlos war sie auch nicht. Konservative Journalisten machten sich die Lesart des Regierungschefs von Ungarn, dem »Land der Freiheitskämpfer« (Orbán), zu eigen. Reinhard Olt, bei der *Frankfurter Allgemeinen Zeitung* lange Jahre für die Berichterstattung über Ungarn zuständig, behauptete in einem Gespräch:

> »Hinter der verbrämten Fassade des ›Hütertums über die europäischen Verträge‹ (Kommission) verbirgt sich ein ideologisches Kampfinstrumentarium ersten Ranges. Orbán wird hingegen allenfalls halbherzig von hasenfüßigen christdemokratischen Regierungschefs geschützt, die, wie die deutsche Kanzlerin, auf ihren wachsweichen liberalen Koalitionspartner Rücksicht nehmen muss.«[29]

Und Ulrich Schacht, lange für die *Welt am Sonntag* tätig, schrieb:

> »Die bis zur Hetze gesteigerte Kritik gegen die demokratisch wie rechtsstaatlich vollkommen qualifizierte Republik Ungarn und die gedämpfte Nachsichtigkeit der EU-Ideologen gegenüber den poststalinistischen Machinationen in Rumänien sind aber nur die zwei logischen Seiten einer Medaille namens ›Universalismusprojekt Europa‹. Auf den Universalismus als Projekt konnten sich internationalistische Sozialisten und Liberalkapitalisten schon immer einigen. Politisch und kulturell souveräne, gar christlich orientierte Nationen stören da nur.«[30]

Somit ergab sich eine eigentümlich Spaltung: Rechte Kritiker warfen der EU vor, einen Kulturkampf gegen die letzten aufrechten

Verteidiger des Nationalgedankens in Europa zu führen und das Ideal der demokratischen Selbstbestimmung mit Füßen zu treten; die Linke kritisierte, Brüssel kümmere sich offenbar nur dann, wenn es um die Verteidigung neoliberaler Interessen – primär der Banken – gehe.

In der Tat drohte die Kommission immer wieder mit Verfahren, die auf den ersten Blick wenig mit dem Schutz von Demokratie und individuellen Rechten zu tun hatten (wohl aber letztlich von Sorgen um die Rechtsstaatlichkeit motiviert waren): Man monierte den möglichen Verlust der Unabhängigkeit der Zentralbank und rügte das zu hohe Staatsdefizit, weshalb zeitweise eine halbe Milliarde Euro an Kohäsionsfonds blockiert wurde (was wiederum Fidesz zu der Klage veranlasste, Brüssel messe mit zweierlei Maß: gegen andere Länder mit noch größeren Defiziten gebe es keine Drohungen). Es zeigte sich einmal mehr, dass vor allem der Kommission weitgehend die Instrumente fehlen, um die eigentlichen politischen Herausforderungen anzugehen. Auf dieses Problem werde ich im dritten Kapitel dieses Essays zurückkommen. Zunächst aber soll die Frage diskutiert werden, ob Brüssel überhaupt berechtigt ist, zum Schutz von Rechtsstaat und Demokratie in Mitgliedsstaaten zu intervenieren – oder ob die Kritiker, welche darin einen grundlegenden Verstoß gegen demokratische Ideale sehen, nicht doch Recht haben.

II. Die EU als wehrhafte Demokratie: Vier Einwände

Nach langem Zögern nimmt sich die Europäische Kommission die rechtspopulistische Regierung Ungarns Anfang 2012 zur Brust. Premier Orbán erscheint im Januar 2012 im Straßburger Parlament und beschwört einen kontinentalen Kulturkampf zwischen einer linken Internationale und den letzten Verteidigern der wahren europäischen Werte. Eine solche Konfrontation zwischen einem EU-Regierungschef und seinen Kritikern in eben jenem Europäischen Parlament, für das bekanntlich keiner zur Wahl geht und das immer wieder als Schwatzbude abgetan wird, hat es noch nie gegeben. Erleben wir die Geburtsstunde einer transnationalen europäischen Politik? Oder nur ein weiteres Kapitel des schleichenden Legitimitätsverlusts der EU, der nicht allein von nationalistischen Ungarn vorgeworfen wird, sie wolle nun einzelnen Mitgliedsstaaten nicht nur die Gurkenlänge, sondern auch das Demokratieverständnis vorschreiben?

Wir müssen uns jedoch nicht nur mit der Frage der Legalität beschäftigen (hat die Orbán-Regierung wirklich die Europäischen Verträge verletzt?), es ist überdies notwendig, sich der Legitimitätsgrundlagen von Brüsseler Interventionen in Mitgliedsstaaten zu versichern. Denn letztlich geht es nicht nur um juristische Spitzfindigkeiten, sondern um normative Grundfragen – vor allem um die Frage, ob Versuche, die Demokratie in Mitgliedsstaaten zu sichern, nicht vielleicht selbst undemokratisch sind. Diese Problematik ist aus innenpolitischen Diskussionen über wehrhafte Demokratie bekannt: Übereifrige Demokratieschützer können die Freiheit einzelner Bürger und politischer Gruppierungen letztlich so sehr einschränken, dass die liberale Demokratie selbst Schaden nimmt. Und wenn schon in einem einzelnen Nationalstaat immer die Gefahr des »McCarthyismus«, also einer politischen Hexenjagd, besteht, ist diese Gefahr dann auf supranationaler Ebene nicht noch viel größer? Wenn schon national der Verfassungsschutz nicht funktioniert und man sich nicht auf Parteiverbote einigen kann, was wird dann erst in einem komplexen, höchst vielfältigen Gebilde wie der EU passieren?

Supranationale Demokratieprotektion: Welche Sorgen sind berechtigt?

Gegen die Vorstellung von Brüssel als supranationaler Hüterin der Demokratie werden immer wieder vier Einwände vorgebracht, drei prinzipielle und ein eher praktischer, der letztlich allerdings auch einen handfesten moralischen Vorwurf impliziert.

(1) Ist Brüssel selbst die Diktatur? Immer wieder hört man, die EU leide an einem eklatanten Demokratiedefizit – weswegen sie unmöglich als Protektor der Demokratie in den Mitgliedsstaaten auftreten könne. Dabei wird jedoch übersehen, dass die Union ihre Legitimität – zumindest derzeit – nicht daraus ableitet, dass sie eine kontinentale Demokratie ist, also eine vergrößerte Version der nationalstaatlich eingerahmten Volksherrschaft. Sie ist vielmehr deshalb legitim, weil sich nationale, demokratisch gewählte Parlamente freiwillig dazu verpflichtet haben, die europäischen Spielregeln einzuhalten (auch wenn dies im Falle des Euro bekanntlich nicht immer funktioniert hat).[31] Deswegen regt sich auch niemand sonderlich auf, wenn die Europäische Kommission beispielsweise in Mitgliedsstaaten interveniert, um europaweiten wirtschaftlichen Wettbewerb zu sichern.[32]

Darüber hinaus hat die Union, so zumindest die Meinung der überwältigenden Mehrheit der europäischen Rechtswissenschaftler, inzwischen den Charakter eines konstitutionellen Gebildes angenommen. Nicht nur, dass das Europarecht über dem nationalen Recht steht und direkt Gültigkeit in den Mitgliedsstaaten beansprucht, die Grundprinzipien der EU bilden inzwischen überdies eine Art »Verfassungsdach« über den einzelnen Ländern. Obgleich der EU-Verfassungsvertrag vor einigen Jahren gescheitert ist – de facto hat die Union eine Verfassung, der sich die Mitgliedsstaaten freiwillig unterwerfen, auch wenn Brüssel bei Nicht-Einhaltung des Rechts keine Polizei oder gar Militär in das entsprechende Land schicken kann. Die EU ist mehr als eine internationale Organisation, aber weniger als ein Staat – sie wandelt auf dem weltgeschichtlichen »Sonderweg«, so der Europarechtler Joseph Weiler, eines Föderalismus ohne traditionellen Konstitutionalismus und ohne föderalen Staat.[33]

Der entscheidende Punkt ist hier, dass EU-Interventionen in Mitgliedsstaaten nicht schon allein deswegen illegitim sind, weil die EU an sich nicht dem Modell einer kontinentalen Demokratie entspricht. Ob sie langfristig – oder vielleicht gar schon mittelfristig – vielleicht doch diesen Kurs einschlagen sollte, ist eine Frage, die infolge der Eurokrise noch einmal ganz neu verhandelt werden muss (und die am Ende dieses Essays noch einmal aufgeworfen werden wird). Vorerst gilt jedenfalls: Institutionen zum Demokratieschutz müssen nicht *direkter* demokratischer Kontrolle unterliegen – was ja im Übrigen auch auf nationaler Ebene gilt, denkt man beispielsweise an das Bundesverfassungsgericht, das in Deutschland als einzige Institution Parteiverbote aussprechen kann.

(2) Gibt es die europäische Demokratie überhaupt? Oder: Was hält Europa im Innersten zusammen? Häufig wird moniert, es gebe eigentlich gar kein gemeinsames europäisches Demokratieverständnis. In Sonntagsreden würden die »europäischen Werte« unverdrossen bemüht – wer allerdings genauer hinschaue, werde im Detail doch sehr divergierende Auffassungen beispielsweise von parlamentarischer Souveränität und individuellen Rechten finden. Der deutsche Außenminister bezeichnete noch jüngst »Freiheit und Demokratie, Rechtsstaatlichkeit und politische Kultur, Toleranz und die Wahrung der Menschenrechte« als »Grundlagen« und »Markenzeichen« des »europäischen *way of life*« sowie als »Band, das uns im Innersten zusammenhält«.[34] Aber ist dieses Band nicht doch recht elastisch? Und werden diese vermeintlichen »Markenzeichen« nicht von ziemlich vielen unterschiedlichen politischen Produkten in Anspruch genommen (Wladimir Putin und Hugo Chávez verkaufen sich ja schließlich auch weltweit als Demokraten)?

Was noch hinzukommt: Nach dem Scheitern des Verfassungsvertrages 2005 beschwichtigten europäische Eliten immer wieder, man wolle auf gar keinen Fall einen »europäischen Superstaat« errichten. Jede Nation, so hieß es zumindest implizit, solle ihren eigenen Weg zur Glückseligkeit (und zu einem passenden Demokratieverständnis) finden. »Vielfalt« – und nicht Demokratie – erschien als der herausragende gemeinsame europäische Wert (ein Gedanke, der auch in der Rechtsprechung supranationaler Gerichte einen prominenten Platz einnimmt, wenn gemäß der Doktrin der »margin of appreciation« Staaten ein weiter Interpretationsspielraum für politische Grundwerte eingeräumt wird). Der Lissabon-Vertrag verpflichtet die EU zudem, die besonderen »nationalen Identitäten« der Mitgliedsstaaten zu respektieren. Und Angela Merkel verkündete gar vor dem Europäischen Parlament einmal, Toleranz sei die »Seele Europas«.[35] Praktisch könnte diese emphatische Wertschätzung von Toleranz und Vielfalt aber auch heißen: Des einen »lupenreiner Demokrat« ist vielleicht des anderen Diktator in spe.

Ist in Europa also politisch (fast) alles beliebig – und kann jeder das »D-Wort« nach eigenem Gutdünken verwenden? Hier hilft ein historischer Rückblick. Sicherlich unterscheidet sich die politische Entwicklung europäischer Nationalstaaten zum Teil dramatisch. Doch gilt auch: Nach 1945, und vor allem seit den siebziger Jahren, hat sich besonders bei jungen Demokratien ein gemeinsames Muster herausgebildet: Demokratie wird nicht einfach mit Wahlen gleichgesetzt, sondern in einem dezidiert liberalen Licht gesehen. Es braucht neben Wahlen auch ein System von *checks and balances*, also Gewaltenteilung, sowie einen starken Grundrechtsschutz. Dieses Demokratieverständnis basiert auf den Lektionen, welche zuerst die Westeuropäer aus dem Scheitern der Weimarer Republik (und vieler anderer Demokratien der Zwischenkriegszeit) zogen: Uneingeschränkte Volkssouveränität, ja sogar uneingeschränkte Parlamentssouveränität, waren in den Augen von Nachkriegspolitikern und -juristen suspekt geworden, da ein Volk (oder eine Volksversammlung) dabei ohne Weiteres alle Macht an einen Hitler oder einen Marschall Pétain abgeben konnte.[36] Deshalb entschieden sich die Architekten der westeuropäischen Nachkriegsordnung, vor allem solche Institutionen zu stärken, welche sowohl die Volks- als auch die Parlamentssouveränität einschränken. Prägnantestes Beispiel ist das Verfassungsgericht, eine Einrichtung, welche bekanntlich von dem großen österreichischen Juristen Hans Kelsen nach dem Ersten Weltkrieg erfunden worden war. Man könnte auch von einem dezidiert antitotalitären Konsens der Nachkriegszeit sprechen oder von bewusst »eingeschränkten« oder »selbstdisziplinierten« Demokratien.[37]

Diese Demokratien schufen wiederum eine supranationale Architektur in Form der Europäischen Gemeinschaft und des Europarates, die nicht so sehr einen Gegensatz zu dem neuen Verständnis von Demokratie darstellt – nach dem Motto nationalstaatliche Souveränität versus undemokratische supranationale Gebilde –, sondern vielmehr dessen Erweiterung: Der Straßburger Europarat mit seiner Menschenrechtserklärung sowie die Konstitutionalisierung des EU-Rechts und die Rolle des Luxemburger Europäischen Gerichtshofes als Hüter von Grundrechten – all diese Institutionen und Entwicklungen passen in das Bild eines Europa, welches dem Ideal der Volkssouveränität misstrauisch gegenüberstand (warum sollte man auch einstmals faschistischen oder zumindest kollaborierenden Völkern trauen?) und das wiederum alle verfügbaren institutionellen Mittel an dem Ziel ausrichtete, die Würde des Einzelnen zu schützen.

Junge Demokratien – angefangen mit den südeuropäischen Ländern in den siebziger Jahren – folgten diesem dezidiert liberalen Demokratieverständnis größtenteils, ebenso viele Länder des ehemaligen »Ostblocks« nach 1989. Dies soll nicht heißen, dass Traditionen, welche die parlamentarische Souveränität betonen, auf einmal illegitim geworden wären – man denke beispielsweise an Großbritannien, wo einem geflügelten Wort zufolge das Parlament alles kann, außer einen Mann in eine Frau zu verwandeln (obwohl auch dort kürzlich ein »Supreme Court« eingeführt wurde, der allerdings nicht mit dem amerikanischen Obersten Gerichtshof zu vergleichen ist).[38] Allerdings sollte man einen Unterschied machen zwischen lange gefestigten Demokratien auf der einen Seite und relativ fragilen, postautoritären (oder gar posttotalitären) Staatswesen auf der anderen. Letztere können von einem nun bereits Jahrzehnte dauernden europäischen Lernprozess in Sachen liberaldemokratischer Institutionen nur profitieren – und haben dies auch getan: Ungarn zum Beispiel kopierte nach 1989 ganz bewusst (und möglicherweise etwas übereifrig) Karlsruhe, mit dem Resultat, dass Mitte der neunziger Jahre das ungarische Verfassungsgericht das vielleicht mächtigste der Welt war.

Sicher, wer sich von dem hier beschriebenen historischen Muster abwendet, muss deswegen noch kein potenzieller Putin sein. Aber die Beweislast liegt doch gerade im Fall eines Landes wie Ungarn, das zuerst dezidiert dem liberalen Muster folgte, bei einer Regierung, welche plötzlich dramatisch von dem im Nachkriegseuropa entwickelten Demokratieverständnis abweicht und sich für das entscheidet, was einer der Väter der Weimarer Verfassung, Hugo Preuß, einmal als »Parlamentsabsolutismus« bezeichnete. Eben weil Länder mit einer sehr ausgeprägten parlamentarischen Souveränität sich auf alte liberaldemokratische Traditionen stützen können, ist es zumindest plausibel, wenn ihre Vertreter behaupten, aufgrund dieser Traditionen brauche man keine »Einschränkungen« oder institutionalisierte »Disziplin« beispielsweise in Form eines starken Verfassungsgerichts.[39] Aber bei jungen, vielleicht noch nicht ganz stabilen Demokratien ist dies offensichtlich nicht der Fall.

Um es noch einmal zu betonen: Geschichte ist nicht Schicksal; es wäre falsch, unter Berufung auf einen spezifisch europäischen Lernprozess ein ganz bestimmtes Verständnis von Demokratie für alleinseligmachend zu erklären. Und doch bieten die politischen Erfahrungen des 20. Jahrhunderts (die ja auch gemeinsame europäische Erfahrungen sind) wichtige Orientierungspunkte für Urteile über die Entwicklungen in einzelnen Staaten. Kurz gesagt: Europa *ist* vielfältig – aber so vielfältig auch wieder nicht; das Band, das uns im Innersten zusammenhält, ist elastisch, aber es kann auch reißen. Die Rede von den »europäischen Standards« hat somit mehr Substanz als gemeinhin angenommen – eben weil sie in bestimmten historischen Erfahrungen spezifisch geworden sind.[40]

(3) Sind Interventionen nicht immer und überall illiberal und undemokratisch? Bleibt noch ein dritter prinzipieller Einwand: Stehen Einmischungen in die inneren Angelegenheiten anderer Länder nicht immer im Verdacht von Paternalismus, politischer Besserwisserei und, im Extremfall, Kolonialismus? Hat sich nicht gerade der Liberalismus historisch damit kompromittiert, dass er oft genug als

hochfliegende moralische Rechtfertigung für »civilizational missions« in allen Erdteilen diente? John Stuart Mill und Alexis de Tocqueville, die Säulenheiligen des Liberalismus in England und Frankreich – waren sie nicht auch eifrige Befürworter von Kolonialabenteuern in Indien und Algerien, in Weltgegenden, wo die Einheimischen angeblich erst einmal für die Freiheit fit gemacht werden mussten?

Zugegeben: Mills politische Position war sehr viel differenzierter. Was er in seinem berühmten Artikel *A Few Words on Non-Intervention* schrieb, sollte den Befürwortern von Brüsseler Eingriffen in Mitgliedsstaaten zu denken geben. Völker, so Mill in seinem »Wort zu Nicht-Interventionen«, müssten sich ihre Freiheit immer selbst erkämpfen; es habe keinen Sinn, innenpolitische Kämpfe durch Maßnahmen von außen zugunsten von Freiheit und Demokratie zu entscheiden, denn ohne feste Grundlage innerhalb eines Gemeinwesens würden diese in Kürze wieder verloren gehen. Mill schrieb: »[D]er einzige Test dafür […], ob ein Volk für demokratische Institutionen reif ist, besteht darin, dass dieses Volk, oder ein ausreichend großer Teil dieses Volks, […] dazu bereit ist, Mühen und Gefahren für seine Befreiung auf sich zu nehmen.«[41] Oder, auf unsere Zeit gewendet: Die EU kann nicht die ungarische Opposition ersetzen; die Bürger eines Landes müssen selbst zu der Einsicht gelangen, dass sie keine illiberale oder gar undemokratische Regierung wollen – und dann im Namen dieser Einsicht den politischen Kampf austragen.

Auf den ersten Blick erscheinen diese Gedanken völlig schlüssig. Auch wer kein strikter Gegner von Einmischungen in innere Angelegenheiten ist, weil er beispielsweise von der vieldiskutierten »Schutzverantwortung« der Staatengemeinschaft (»responsibility to protect«) überzeugt ist, wird sich den Mill'schen Prinzipien schwer verschließen können. Denn im europäischen Kontext geht es ja (glücklicherweise) nicht um die Verhinderung von Völkermord wie bei der »Schutzverantwortung«, sondern um komplizierte politische Prozesse, bei denen – wie in Ungarn – noch nicht einmal jemand offiziell von der Demokratie Abschied nehmen oder gar Gewalt gegen Gegner einsetzen will.

Doch ganz so einfach liegen die Dinge dann doch nicht. Das liberale Gewissen kann sich nicht auf dem Gedanken ausruhen, »Streit in fernen Ländern zwischen Menschen, von denen wir nichts wissen«,[42] gehe uns sowieso nichts an – und solle gefälligst zwischen diesen Menschen ausgetragen werden. Denn in gewisser Weise gibt es innerhalb der EU keine strikt nationalen Angelegenheiten mehr. Wie bereits oben gesagt, ist die EU keineswegs ermächtigt, bei allem und jedem mitzumischen, ganz im Gegenteil (man denke an das Prinzip der Subsidiarität). Aber die Union *ist* eine politische Gemeinschaft, und das bedeutet nicht zuletzt: politisch und rechtlich sanktionierte Interdependenz (es gibt auch eine deutsche und europäische Interdependenz im Verhältnis zu China, aber diese ist weder von den Europäern freiwillig gewollt noch normativ eingehegt). Jeden europäischen Bürger geht es etwas an, wenn in einem Mitgliedsland die liberale Demokratie in Gefahr gerät – weil dieses Mitgliedsland, so denn seine Rechte im Europäischen Rat *nicht* suspendiert worden sind, auf europäischer Ebene über Regelungen für *alle* Europäer mitentscheiden kann.[43] *Alle* Europäer könnten also indirekt von einem illiberalen Land mitregiert werden – weswegen die Qualität der liberalen Demokratie in einzelnen Mitgliedsländern in der Tat die Angelegenheit aller ist.[44] Es ist folglich absurd, politische Debatten über ein anderes EU-Mitgliedsland – wie beispielsweise im März 2012 im Deutschen Bundestag geschehen[45] – mit dem Argument abschneiden zu wollen, dass man sich ja schließlich nicht in die inneren Angelegenheiten anderer Völker einmischen solle.

Neben diesen grundsätzlichen demokratietheoretischen Überlegungen zur EU gibt es aber noch zwei weitere EU-spezifische pragmatische Gesichtspunkte, mit denen sich supranationaler Demokratieschutz legitimieren lässt. Nicht-Intervention in einem Mitgliedsland, wo der Rechtsstaat ausgehöhlt oder die Demokratie untergraben wird, ist keineswegs eine Position der »Neutralität«. Die Europäische Kommission ist schließlich die Hüterin der Verträge – und die Verträge besagen, dass Mitglieder der EU gemeinsamen Werten verpflichtet sind, die in konkreten Institutionen rechtlich umgesetzt werden. Wenn diese Institutionen nachhaltig beschädigt werden – und Europa dann gar nichts tut, schafft man einen Präzedenzfall, und es besteht akute politische Ansteckungsgefahr für weitere Länder (es ist keine absurde Annahme, dass die Auseinandersetzungen zwischen Brüssel und Budapest bzw. Bukarest in anderen osteuropäischen EU-Staaten – sowie in Kroatien und Serbien – genauestens beobachtet werden).

Zu guter Letzt darf man eines nicht vergessen: Viele Länder haben sich einst ganz bewusst in den europäischen »acquis normatif« eingeklinkt, um die liberale Demokratie zu festigen. Der Unionsbeitritt diente gerade dazu, sich die eigenen politischen Hände zu fesseln: Noch unerprobte demokratische Staatsschiffe wollten unter EU-Flagge fahren, damit für den Fall, dass einmal illiberale Kräfte ans Ruder kommen, der Kurs nicht in Richtung Diktatur geht. Um bei der nautischen Metapher zu bleiben: Brüssel (und der Straßburger Gerichtshof für Menschenrechte) sind der Mast, an den sich ein seiner eigenen demokratischen Überzeugungen noch nicht ganz sicherer Odysseus fesselte, um den Sirenengesängen eines autoritären Nationalismus zu widerstehen.[46] Ein Orbán kann sich also jetzt nicht hinstellen und behaupten, die EU agiere wie die Türken, Habsburger und die Russen – als Besatzungsmacht, welche die freiheitsliebenden Magyaren unterdrücke. Im Gegenteil: Ermahnungen von außen dienen doch gerade dazu, Ungarn und Rumänen daran zu erinnern, was sie 2004 beziehungsweise 2007 selber wollten.

(4) Will, wer Europa sagt, betrügen? EU-Interventionen als Form von politischer Hypokrisie. Bleibt der Vorwurf oder zumindest der Verdacht der Heuchelei, laut dem Brüssel (und vor allem die mächtigsten EU-Staaten Deutschland und Frankreich) stets mit zweierlei Maß misst: An Haider, so heißt es häufig, durften sich Jacques Chirac und Gerhard Schröder ihr Mütchen kühlen und international ihre antifaschistische Glaubwürdigkeit unter Beweis stellen, obwohl sie mit der Front National und der NPD zu Hause eigentlich genug Sorgen hatten (oder vielleicht gerade weil sie mit den Sanktionen gegen Österreich auch ihre innenpolitischen Feinde treffen konnten). Orbán und Ponta hingegen würden von Brüssel hart angegangen, weil es sich um kleine, schwache Staaten außerhalb der Eurozone oder gar außerhalb des Schengen-Abkommens handle,

auf die man relativ leicht Druck ausüben könne. An Berlusconi hingegen habe sich niemand herangetraut, bis die Finanzmärkte dem Treiben des Cavaliere ein Ende setzten.

Dieser Verdacht ist nicht grundlos, wer ihn formuliert, schert allerdings ganz unterschiedliche historische Situationen über einen Kamm: Die Haider-Sanktionen waren nicht zuletzt deshalb ein Fiasko, weil sie schon beschlossen wurden, bevor die damalige österreichische Regierung irgendetwas Anstößiges unternommen hatte. Die europäischen Regierungschefs hatten kurz vorher beim Stockholmer Holocaust-Forum feierlich ein »Nie wieder« geschworen; vor dem Hintergrund dieses nachholenden antinationalsozialistischen Gründungsmythos für die EU ging es ihnen offenbar vor allem darum, als paneuropäische Gesinnungswächter gut dazustehen. Was Dan Diner seinerzeit den »Schutzreflex Europas« nannte, war größtenteils Symbolpolitik.

Kurz gesagt: Es war noch gar nichts passiert; es gab kein belastendes Beweismaterial; die Sanktionen waren eine Art Präventivschlag. Das hieß im Übrigen aber auch: Gerade wenn sie erfolgreich sein sollten, wenn Österreich also aufgrund der Sanktionen nicht nach ganz rechts abdriftete, würde es hinterher zwangsläufig so aussehen, als habe es sich um einen Fehlalarm gehandelt, und die politisch korrekten supranationalen Demokratiepolizisten hätten der armen Alpenrepublik Unrecht angetan.

Österreich im Jahre 2000 war also ein ganz anderer Fall als Ungarn und Rumänien ca. zehn Jahre bzw. zwölf Jahre später: Gerade in Ungarn hat die Regierung inzwischen eine lange, traurige Bilanz vorzuweisen. In Rumänien geschah im Sommer 2012 zwar alles viel schneller, aber gerade die Brutalität, mit der das bestehende Institutionengefüge auseinandergebrochen und die Unabhängigkeit der Justiz attackiert werden sollte, ließen am systematischen Vorgehen der Regierung Victor Pontas keinen Zweifel aufkommen. Auch hier galt, anders als im Falle Österreichs: Es war schon etwas passiert, bevor Brüssel schließlich einschritt.

Damit ist aber noch nichts über den Vergleich mit Italien unter Berlusconi gesagt. Hier wird häufig übersehen, dass Berlusconi zwar wohl auch gern per neuem politischem System seine Machtstellung (und seine Immunität) auf ewig gesichert hätte, dass Italien aber immer noch genügend Widerstandskräfte aufbot, um dies zu verhindern.[47] Unabhängige Präsidenten, die zu vom Cavaliere gewünschten Neuwahlen und zu seinen Ministervorschlägen Nein sagen konnten, eine kämpferische Justiz, eine kritische Presse, ein politisch bei Weitem nicht vollkommen gleichgeschaltetes Fernsehen, eine mobilisierungsfähige Öffentlichkeit – all dies gab es in Italien noch. Berlusconi gelang es trotz vieler Versuche nicht, die Gewaltenteilung zu schwächen, denn viele *magistrati* wehrten sich erfolgreich, und vor allem Staatspräsident Giorgio Napolitano – von vielen »Re Giorgio« (König Giorgio) genannt – ließ Berlusconi immer wieder auflaufen (und spielte eine entscheidende Rolle bei dem Machtwechsel zu Mario Monti im Jahr 2011).[48] Und der Cavaliere verlor Volksabstimmungen, die seine persönliche Macht langfristig gefestigt hätten – allen voran ein Referendum über weitreichende Verfassungsänderungen im Juni 2006, die unter anderem eine enorme Stärkung des Amtes des Premierministers vorsahen.

All dies heißt nicht, dass in Italien unter Berlusconi alles zum Besten stand. Aber es gilt festzuhalten, dass sich in Italien eine innenpolitische Auseinandersetzung abspielte, deren institutioneller Rahmen noch nicht deutlich von liberaldemokratischen Standards abwich (auch wenn, wie gesagt, Berlusconi diesen Rahmen sicher gern zu seinen Gunsten verschoben hätte).

Deswegen ist hier die Grundintuition John Stuart Mills doch wieder relevant: Solange begründete Hoffnung besteht, dass ein Volk seine Freiheit selber verteidigen kann, *und* solange die europäischen Verträge nicht verletzt werden, sollte der Rest der Welt sich zurückhalten. Ansonsten können Eingriffe von außen in der Tat paternalistisch wirken. Potenzielle politische Lernprozesse würden kurzerhand abgeschnitten, was eine demokratische politische Kultur auch schädigt (wobei man sich natürlich fragen kann, ob die Italiener nicht schon nach Berlusconis erster oder zumindest zweiter Regierungszeit hätten wissen können, dass es mit der Staatskunst des Cavaliere nicht weit her war). Auch entsteht möglicherweise der Eindruck, andere Staaten und supranationale Institutionen würden sich einen Gewinner der innenpolitischen Kämpfe herauspicken (so wie es mit der Einsetzung Montis dann in gewisser Weise geschehen zu sein scheint, wobei Montis Legitimitätsanspruch allerdings gerade darin gründete, dass er über den innenpolitischen Auseinandersetzungen stand und er weniger von »den Märkten« als von dem gewieften Napolitano ausgesucht wurde).

EU-Interventionen: Drei Kriterien

Aus der obigen Diskussion ergeben sich drei robuste Kriterien für EU-Intervention – Kriterien, die für die Art von Fehlern, welche im Falle von Österreich gemacht wurden, aber auch für liberale Intuitionen in Bezug auf die Gefahren von Paternalismus oder gar Kolonialismus sensibel sind:

Erstens muss eine Regierung schon etwas getan haben: Es bedarf dessen, was im Englischen *track record* heißt. Man sollte symbolische Verfehlungen in der Vergangenheit nicht trivialisieren, aber eine Partei kann unter Umständen auch an der Regierungsverantwortung politisch, vielleicht gar moralisch wachsen. Wachsamkeit ist also auf jeden Fall angebracht, aber es gibt keine guten Gründe für präventive Sanktionen.

Zweitens müssen die politisch und rechtlich problematischen Handlungen einer Regierung einen *systematischen* Charakter aufweisen. Ganz salopp gesagt: Jeder kann mal einen Fehler machen. Diese Aussage soll die Folgen für die betroffenen Bürger nicht trivialisieren. Doch diesen Bürgern stehen zumindest theoretisch sowohl nationale als auch supranationale Wege offen, um zu ihrem Recht zu kommen. Außerdem ist es hier auch plausibel, dass europäische Institutionen – allen voran die Kommission – und befreundete Regierungen erst einmal gut zureden bzw. die in Artikel 7 angesprochenen »Empfehlungen« für politische und rechtliche Korrekturen aussprechen – im Sinne einer *peer review*, eines freundlichen Gutachtens unter Ebenbürtigen, nicht eines Befehls von oben. Hier ergibt sich dann zudem die Möglichkeit für die betroffene Regierung, beispielsweise ein radikales Abweichen vom liberalen Nachkriegsmodell der Demokratie zu rechtfertigen – vielleicht mit

Verweis auf besondere Umstände oder mit dem Argument, neue Institutionen stellten das plausible Resultat eines politischen Lernprozesses dar.

Drittens muss es gute Gründe geben für die Annahme, dass ein Land *nicht mehr ohne Weiteres zur politischen Selbstkorrektur fähig* ist. Gegen den systematischen Umbau von Institutionen können theoretisch ja Teile der Zivilgesellschaft mobilisiert werden, die Presse übt möglicherweise genügend Druck auf eine Regierung aus, oder Richter setzen sich gegen die Beschneidung ihrer Befugnisse zur Wehr (wie in Rumänien im Sommer 2012 geschehen, wenn auch mit wenig Erfolg). Zweifelsohne sind dies relativ »weiche« Kriterien jenseits irgendeiner Form der quantitativen Messung (wie viele Demonstranten pro Tag ergeben eine »starke Zivilgesellschaft«?) oder der Feststellung individueller Rechtsverletzungen – hier braucht es politische Urteilskraft.

Und damit kommen wir zu der konkreten Frage nach Institutionen der politischen Urteilskraft – und nach den Instrumenten, mit denen sich politische Urteile dann auch in politische Taten umsetzen lassen.

III. Was alles fehlt: Politische und rechtliche Instrumente

So viel zur Theorie. Ich hoffe, es ist deutlich geworden, dass die Frage nach der Legitimität Brüsseler Interventionen längst nicht so vertrackt ist, wie es bisweilen dargestellt wird. Das eigentliche Problem ist denn auch eher praktischer Natur: Es mangelt an rechtlichen, vor allem aber auch an politischen Instrumenten, um einen Mitgliedsstaat am Abdriften (oder: bewussten Umlenken) ins Autoritäre zu hindern. Dies soll nicht heißen, dass es gar keine Interventionsmittel gibt – die bereits bestehenden sollen im Folgenden kurz vorgestellt und auf ihre Stärken und Schwächen hin geprüft werden.

Europas Instrumentenkasten

Artikel 7, oder: Die »große Keule«

Der Lissabon-Vertrag (der heute einfach der Vertrag an sich über die Europäische Union ist) enthält einen Artikel, wonach einem Land, welches dauerhaft europäische Grundwerte verletzt, eine Reihe von Rechten entzogen werden können. Eine kleine Ironie der Geschichte: Die Idee zu einem derartigen Artikel stammte Mitte der neunziger Jahre ausgerechnet von Italien und Österreich, er war vor der Osterweiterung als eine Art Präventivmaßnahme gedacht: Man traute den östlichen Nachbarn nicht recht über den Weg; sollte es einen Rückfall in schlechte alte autoritäre Zeiten geben, wollte der vermeintlich lupenrein liberale Westen ein Druckmittel an der Hand haben.[49] Nach den Erfahrungen mit Österreich im Jahre 2000 kam der Gedanke auf, man müsse erst einmal eine Art Warnsignal anschalten können, bevor man einen Mitgliedsstaat de facto aus dem gemeinsamen Regieren in der Union ausschließt. Deswegen hat Artikel 7 heute zwei Teile. Weil er für das Thema dieses Essays so wichtig ist, soll das geltende Recht hier fast in Gänze zitiert werden:

»(1) Auf begründeten Vorschlag eines Drittels der Mitgliedstaaten, des Europäischen Parlaments oder der Europäischen Kommission kann der Rat mit der Mehrheit von vier Fünfteln seiner Mitglieder nach Zustimmung des Europäischen Parlaments feststellen, dass die eindeutige Gefahr einer schwerwiegenden Verletzung der in Artikel 2 genannten Werte durch einen Mitgliedstaat besteht. Der Rat hört, bevor er eine solche Feststellung trifft, den betroffenen Mitgliedstaat und kann Empfehlungen an ihn richten, die er nach demselben Verfahren beschließt.

Der Rat überprüft regelmäßig, ob die Gründe, die zu dieser Feststellung geführt haben, noch zutreffen.

(2) Auf Vorschlag eines Drittels der Mitgliedstaaten oder der Europäischen Kommission und nach Zustimmung des Europäischen Parlaments kann der Europäische Rat einstimmig feststellen, dass eine schwerwiegende und anhaltende Verletzung der in Artikel 2 genannten Werte durch einen Mitgliedstaat vorliegt, nachdem er den betroffenen Mitgliedstaat zu einer Stellungnahme aufgefordert hat.

(3) Wurde die Feststellung nach Absatz 2 getroffen, so kann der Rat mit qualifizierter Mehrheit beschließen, bestimmte Rechte auszusetzen, die sich aus der Anwendung der Verträge auf den betroffenen Mitgliedstaat herleiten, einschließlich der Stimmrechte des Vertreters der Regierung dieses Mitgliedstaats im Rat.

Die sich aus den Verträgen ergebenden Verpflichtungen des betroffenen Mitgliedstaats sind für diesen auf jeden Fall weiterhin verbindlich.«

Sofort stellt sich hier die Frage nach den »in Artikel 2 genannten Werten«, denn aus ihnen ist schließlich das Band gewoben, das, glaubt man dem deutschen Außenminister, Europa im Innersten zusammenhält. Sie lauten: »Achtung der Menschenwürde, Freiheit,

Demokratie, Gleichheit, Rechtsstaatlichkeit und die Wahrung der Menschenrechte einschließlich der Rechte der Personen, die Minderheiten angehören«. Darüber hinaus präzisiert Artikel 2: »Diese Werte sind allen Mitgliedstaaten in einer Gesellschaft gemeinsam, die sich durch Pluralismus, Nichtdiskriminierung, Toleranz, Gerechtigkeit, Solidarität und die Gleichheit von Frauen und Männern auszeichnet.«

Es sollte ersichtlich sein, dass Artikel 7 in seiner heutigen Form eine Art Frühwarnsystem enthält; ein Mitgliedsstaat kann sozusagen unter verschärfte Beobachtung gestellt werden; Risiken werden abgewogen – und man möchte der Regierung mit »Empfehlungen« erst einmal gut zureden. Gleichzeitig ist es nach wie vor unmöglich, einen Staat ganz aus der Union auszuschließen – man kann nur freiwillig gehen; gegangen werden kann, wer einmal im Club ist, gar nicht mehr. Und – dies wird oft übersehen – der *ganze* Club muss sich einig sein, dass seine Grundwerte dauerhaft verletzt werden, bevor man einem Clubmitglied sozusagen den Mund verbietet. Eine hohe Hürde.

Heute hat sich denn auch die Wahrnehmung festgesetzt, Artikel 7 als ganzer sei eine »nukleare Option« (Barroso) oder eine »große Keule« (Westerwelle). Mit anderen Worten: Man versucht, sie erst gar nicht auszuüben, man droht noch nicht einmal damit. Dafür gibt es mindestens zwei Gründe: Zum einen treibt die Nationalstaaten sicherlich die Sorge um, der Artikel könne eines Tages auch gegen sie angewendet werden oder die »Opfer« eines Verfahrens nach Artikel 7 könnten sich gar irgendwann »rächen«. Hier enthüllt sich einmal mehr, welch fatale Folgen der Exekutivföderalismus (Jürgen Habermas), der derzeit in der EU herrscht, haben kann: Nationale Regierungen denken nicht in gesamteuropäischen Zusammenhängen, sondern zeigen sich zuerst einmal als »souveränitätssensibel« (Mattias Kumm).

Zum anderen haben die Hemmungen europäischer Politiker, sich irgendeines Teils von Artikel 7 zu bedienen, wohl auch damit zu tun, dass offizielle Verurteilungen eines Mitgliedslandes der ganzen EU-Kultur von Konsens und Kompromiss diametral entgegenstehen. Bekanntlich wird bei EU-Gipfeln so gut wie nie jemand bloßgestellt; man ist stets bemüht, so viele Länder wie möglich in ein Kompromiss-Boot zu holen; zur Not gibt es finanzielle Anreize für jene, die ansonsten partout nicht mitmachen würden (die Politikwissenschaftler sprechen unverblümt von »side payments«). Kurz gesagt: Die EU ist keine Sache von allzu direkten Konfrontationen. Artikel 7 passt nur schwer in diese Kultur.

Schließlich und endlich gibt es auch noch zwei offensichtliche praktische Probleme: Wie schon gesagt, errichtet Artikel 7 hohe prozedurale und substanzielle Hürden, bevor ein Land überhaupt ein deutliches offizielles Signal bekommt. Nicht zuletzt deshalb beansprucht die Anwendung von Artikel 7 viel Zeit – Zeit, die man beispielsweise bei dem so raschen wie rabiaten Vorgehen der Ponta-Regierung im Sommer 2012 nicht hatte.

»Civis europeus sum«, oder:
Vom Glück, ein europäischer Bürger zu sein

Welche Alternativen gibt es zu Artikel 7? Deutsche Rechtswissenschaftler – allen voran Mitarbeiter des Heidelberger Max-Planck-Instituts für ausländisches Öffentliches Recht und Völkerrecht unter Führung Armin von Bogdandys – haben einen Weg vorgeschlagen, der die souveränitätsüberempfindlichen Exekutiven weiträumig umgeht und stattdessen seinen Anfangspunkt beim einfachen Bürger nimmt. Sie weisen darauf hin, dass der Europäische Gerichtshof in einer Reihe von wegweisenden Entscheidungen den Status als EU-Bürger (welcher allen Bürgern von EU-Mitgliedsstaaten automatisch zukommt) deutlich gestärkt hat.[50] Ursprünglich war die Unionsbürgerschaft (die 1993 im Maastricht-Vertrag eingeführt wurde) von vielen Beobachtern eher belächelt worden, wirkte sie doch nur wie ein weiterer verzweifelter Versuch der europäischen Eliten, die EU den Menschen irgendwie »nahezubringen«, ohne dass der Status in der Praxis viel bedeutet hätte. Nicht zuletzt musste man sich fragen, ob die Tendenz, die Bürger von oben herab (denn wer hatte eigentlich eine solche EU-Bürgerschaft gefordert?) mit einem neuen Status zu beglücken, nicht der ganz falsche Weg sei, um subjektive »Zugehörigkeitsgefühle« zu erzeugen.

Inzwischen sehen die Dinge etwas anders aus. Der Europäische Gerichtshof hat mehrmals deutlich gemacht, dass nationale Regierungen ihre Bürger nicht um den »Kernbestand« ihres Status als EU-Bürger bringen dürfen: EU-Bürger sein heißt nicht nur, sich frei zwischen den Mitgliedsstaaten bewegen und außerhalb des Heimatlandes arbeiten und sich niederlassen zu dürfen; es heißt auch, ausgiebige Ansprüche an europäische Staaten außerhalb des eigenen stellen zu können – beispielsweise wohlfahrtsstaatliche (wobei man sich wieder fragen muss, ob die Zusprechung von Privilegien durch den Europäischen Gerichtshof wirklich eine politische – und subjektive – Identität als EU-Bürger kreiert). Es heißt, dass die Substanz der Unionsbürgerschaft nicht angetastet werden darf, auch nicht vom eigenen Staat (so dass der Europäische Gerichtshof auch dann tätig geworden ist, wenn es um gar nichts Grenzüberschreitendes ging). Und EU-Bürger sein heißt nicht zuletzt, die in der Charta für Grundrechte verbrieften Rechte gegenüber den EU-Institutionen sowie gegenüber Mitgliedsstaaten, wenn sie EU-Recht umsetzen, einklagen zu können. (Wohlgemerkt: Dieser besondere Grundrechtsschutz der EU-Bürger kommt nur im Kontext von EU-Recht ins Spiel.)

Was hat all dies nun mit dem Abdriften eines Landes ins Autoritäre zu tun? Der entscheidende Gedanke besteht darin, dass das »Wesen« von EU-Grundrechten, welche wiederum untrennbar mit dem »Kernbestand« der Unionsbürgerschaft verbunden sind, auch in einem Kontext außerhalb der Umsetzung von EU-Recht durch Mitgliedsstaaten gefährdet werden kann. In einer wegweisenden Entscheidung des Europäischen Gerichtshofs hatte der damalige Generalanwalt Miguel Poiares Maduro bereits 2007 erklärt, der Respekt für Grundrechte sei untrennbar mit der EU-Rechtsordnung verbunden – und ohne solchen Respekt sei gemeinsames Handeln von und für die Völker Europas »unwürdig« und ohnehin »undurchführbar«.[51] Mit anderen Worten: Ohne Mitgliedsstaaten, welche Grundrechte achten und schützen, kann die europäische Integration nicht funktionieren, kann es keine Integrität der europäischen Rechtsordnung geben. Und gegenüber Mitgliedsstaaten, die Grundrechte verletzen, dürfen sowohl Bürger dieses Staates als auch Bürger anderer EU-Staaten, die sich vielleicht einmal in diesem Land niederlassen wollen, reklamieren: »Civis europeus sum!«, ganz so, wie der Apostel Paulus seinen römischen Peinigern entgegenschleuderte: »Civis Romanus sum!« – worauf ihm die Soldaten die Fesseln lösten.[52]

Hier stellt sich sofort eine sehr berechtigte Sorge ein: Wenn die Trennwand zwischen EU-Recht und dem Recht der Mitgliedsstaaten erst einmal eingerissen ist, müssen sich die Mitgliedsstaaten dann nicht in jeder Hinsicht dem Urteil des Europäischen Gerichtshofes unterwerfen? Eine Flut von Klagen und Beschwerden über angebliche Grundrechtsverletzungen durch die Mitgliedsstaaten würde über die Luxemburger Richter hereinbrechen, denn ein gewitzter Anwalt kann wohl immer einen Weg finden, seinen Fall als eine Sache von »fundamental rights violations« darzustellen. Die Rechtsprechung in Europa würde zentralisiert, mit dem geheiligten Prinzip der Subsidiarität wäre es vorbei. Das derzeitige pluralistische (und fragile) Gleichgewicht zwischen nationaler Verfassungsgerichtsbarkeit und supranationaler Jurisdiktion wäre auch dahin.

Die ingeniöse Antwort der Heidelberger Rechtswissenschaftler auf diese Sorge lautet wie folgt: *Solange* man davon ausgehen kann, dass Mitgliedsstaaten die Grundrechte effektiv schützen, muss sich der Europäische Gerichtshof zurückhalten. Hier wird einfach der berühmte »Solange«-Entschluss des deutschen Bundesverfassungsgerichts von 1986 umgekehrt. Karlsruhe entschied seinerzeit:

> »Solange die Europäische Gemeinschaft, insbesondere die Rechtsprechung des Gerichtshofs der Gemeinschaften, einen wirksamen Schutz der Grundrechte gegenüber der Hoheitsgewalt der Gemeinschaften generell gewährleistet, der dem vom Grundgesetz als unabdingbar gebotenen Grundrechtsschutz im Wesentlichen gleich zu achten ist, zumal den Wesensgehalt der Grundrechte generell verbürgt, wird das BVerfG seine Gerichtsbarkeit über die Anwendbarkeit von abgeleitetem Gemeinschaftsrecht, das als Rechtsgrundlage für ein Verhalten deutscher Gerichte oder Behörden im Hoheitsgebiet der Bundesre-

publik Deutschland in Anspruch genommen wird, nicht mehr ausüben und dieses Recht mithin nicht mehr am Maßstab der Grundrechte überprüfen [...]«.

Mit anderen Worten: Solange der Europäische Gerichtshof einen effektiven, dem Grundgesetz ungefähr vergleichbaren Grundrechtsschutz bietet, wird sich Karlsruhe zurückhalten. Und umgekehrt würde nun gelten: Solange die Mitgliedsstaaten einen Kontext bieten, in denen EU-Bürger als EU-Bürger ihre von der EU-Charta verbrieften Grundrechte genießen können, wird sich Luxemburg zurückhalten. Wird hingegen das Wesen dieser Grundrechte beeinträchtigt, können sich Bürger eines Mitgliedsstaates zuerst an ihre eigenen nationalen Gerichte wenden, welche dann wiederum den Europäischen Gerichtshof anrufen sollten.

Dieser »Rettungsschirm für europäische Grundrechte« ist ein attraktiver, ausgeklügelter Plan, der indirekt (und ohne politische Konfrontationen) liberale Institutionen innerhalb eines Mitgliedslandes stärken will, ohne gleichzeitig der Überwachung nationaler Rechtsstaaten durch Luxemburg Tür und Tor zu öffnen. Aber was bisweilen als »Heidelberger Vorschlag« bezeichnet wird, leidet auch an einer Reihe normativer und praktischer Probleme:

Erstens wird hier der Unionsbürgerschaft eine politische Bedeutung gegeben, die ihr nie durch eine politische Entscheidung seitens der Mitgliedsstaaten verliehen worden ist (und welche sie auch im allgemeinen politischen Bewusstsein in keiner Weise hat – viele Europäer wissen überhaupt nicht, dass sie auch »EU-Bürger« sind; sie sind ja auch nie gefragt worden, und nie haben sie selber nach diesem Status gefragt ...). Mit anderen Worten: Der Europäische Gerichtshof mag sich ermächtigt haben, allerlei Entscheidungen mit Bezug auf einen letztlich doch eher nebulösen »Kernbestand« zu treffen – legitim ist diese Aufblähung der Unionsbürgerschaft allerdings nicht ohne weiteres.[53] Sogar der EuGH selbst ist bislang davor zurückgeschreckt, die »Substanz« der Unionsbürgerschaft explizit mit dem »Wesen« der Grundrechte zu verbinden. Und: Was genau ist eigentlich der »Wesensgehalt« der EU-Grundrechte?

Zweitens – und ganz abgesehen von solchen möglichen Legitimationsproblemen: Es ist ja keineswegs sicher, dass ein Land, das ins Autoritäre abdriftet (oder bewusst ins Autoritäre gesteuert wird), noch unabhängige nationale Gerichte bieten kann. Wenn das nicht mehr der Fall sein sollte: Wird sich eine Regierung dann wirklich noch von Entscheidungen aus Luxemburg (oder auch aus Straßburg, wo der Europäische Gerichtshof für Menschenrechte residiert) beeindrucken lassen? Ein Gerichtshof, der wahrscheinlich sowieso nicht ernst genommen wird, könnte dann auch zögern, seine Autorität mit einem Eingreifen in einem Mitgliedsstaat aufs Spiel zu setzen.[54] Ein Teufelskreis.

Drittens dauern Gerichtsprozesse ihre Zeit – Zeit, die man, wie bereits mehrmals im Zusammenhang mit dem Fall Rumänien erläutert, oft nicht hat. Darüber hinaus gilt: Individuelle Rechtsverletzungen sind natürlich zu ahnden. Aber diese individuellen Rechtsverletzungen summieren sich nicht automatisch zu dem, worum es bei Demokratieschutz eigentlich geht: eine systematische Aushöhlung des Rechtsstaats und einen Umbau der Demokratie. Deswegen ist der Heidelberger Vorschlag in den Augen von Kritikern schlicht zu legalistisch – haben wir es im Kern doch mit politischen Herausforderungen zu tun: Der Vorschlag bietet eine weitere Juridifizierung des Politischen, statt einer notwendigen Politisierung. Wie aber könnte eine genuin politische Antwort aussehen?

Die Europäisierung der Politik – die Politisierung Europas?

Die Eurokrise, so hört man häufig, habe zur Politisierung Europas geführt – nun gelte es, die Politik zu europäisieren. Mit anderen Worten: Es bedürfe eines echten europäischen politischen Systems, mit europäischen Parteien und gemeinsamen Euro-Spitzenkandidaten aller nationalen Parteien (die sich ja bereits zu länderübergreifenden Gruppen wie der Europäischen Volkspartei zusammengeschlossen haben).

An solchen Forderungen ist an sich nichts auszusetzen. Die Eurokrise hat den Europäern vielleicht zum ersten Mal wirklich bewusst gemacht, dass sie bereits eine politische Schicksalsgemeinschaft bilden: Alle Staaten – und Völker – sind *too big to fail* (und auch *too European to fail*); die ökonomische Interdependenz ist gar nicht mehr rückgängig zu machen. Nun muss die Politik die Ökonomie einholen; Solidarität muss über Grenzen gehen.

So weit, so gut. Nur heißt Politisierung für die in diesem Essay thematisierten Herausforderungen noch etwas anderes: Sie führt offenbar auch dazu, dass sich die Europäische Volkspartei vor ihren Vizepräsidenten Orbán stellte und Angela Merkel einen der »Ihren« nie öffentlich scharf kritisierte – sondern im Gegenteil bei einem bilateralen Treffen in Berlin Verständnis für die besonderen Probleme der ungarischen Regierung zeigte.[55] Orbán durfte sich im Oktober 2012 gar mit einer großen Rede bei der Konrad-Adenauer-Stiftung in der deutschen Hauptstadt profilieren (und sein Ideal eines »diskutierenden Europas« preisen).

Und auf der anderen Seite des politischen Spektrums: Martin Schulz, der sozialdemokratische Präsident des Europäischen Parlaments und einer der schärfsten Kritiker Orbáns, rechtfertigte zumindest am Anfang de facto das Vorgehen des nominell linken rumänischen Ministerpräsidenten Ponta. Prinzipiell ist leicht vorstellbar, welchen Kuhhandel europäische Eliten hier eingehen könnten: Lasst ihr unseren etwas zwielichtigen Regierungschef X in Land Y in Ruhe, dann machen wir euch bei Präsident U im Staate Z auch keine Schwierigkeiten. Kurz gesagt: Hier bedeutet die Politisierung Europas kurzsichtige Parteipolitik statt langfristiger Protektion der Demokratie – eine Gefahr, welche übrigens auch bei einer möglichen Anwendung von Artikel 7 stets präsent ist.[56]

Nun lässt sich einwenden, dass solche Risiken schlicht unvermeidbar sind, wenn man es mit einer europaweiten demokratischen Politik ernst meint. Demokratische Auseinandersetzung und Rechtsstaat sind nun einmal nicht dasselbe; im demokratischen Streit gibt es natürlich auch Regeln, aber keine Sicherheit, was den Ausgang der Auseinandersetzung angeht (nur Diktatoren kennen die Abstimmungsergebnisse im Voraus). Und ist es denn so unwahrscheinlich, dass sich europäische Parteien ihre nationalen Mitglieder hinter verschlossenen Türen zur Brust nehmen und damit weit mehr erreichen als mit öffentlicher Kritik? Kann es nicht sein, dass die politischen Kosten für eine solch europaweit sichtbare Partei am Ende zu hoch ausfallen, wenn sie einen offensichtlich illiberalen, wenn nicht gar antidemokratischen Akteur schamlos deckt? Hat vor allem Ponta nicht am Ende eingelenkt, nachdem beispielsweise die europäischen Sozialisten demonstrativ ihren Kongress, der in Bukarest stattfinden sollte, nach Brüssel verlegten?[57]

Bekanntlich hat Ponta in der Tat bei einer Reihe von Brüsseler Forderungen offiziell nachgegeben. Jedoch ist unklar, ob wirklich Kurskorrekturen vorgenommen werden oder ob es – wie bei Orbán – stets eine Art »double-talk« gibt, bei dem sich die Botschaften für das internationale und für das nationale Publikum ganz massiv unterscheiden. Schon jetzt aber lässt sich sagen: Pontas Entgegenkommen hatte wohl weniger mit dem Druck von Sozialisten und Liberalen anderswo in Europa zu tun als vielmehr damit, dass die EU mit der Möglichkeit, Rumänien den Beitritt zu Schengen zu verwehren, ein effektives Druckmittel hat. Ein solches Mittel ist in anderen Fällen allerdings nicht vorhanden; und der Gebrauch solcher Mittel – die ja ursprünglich gar nicht der Festigung der Demokratie innerhalb von Mitgliedsstaaten dienen sollten – hat etwas Opportunistisches. Man legt die Daumenschrauben an, die man halt gerade irgendwie zur Hand hat. Doch wie der linke ungarische Intellektuelle G. M. Tamás einmal ob möglicher Brüsseler Einmischungen in Ungarn bemerkte: »Erpressung ist keine gute Methode, und was man nicht im Privatleben gestattet, das soll man auch im öffentlichen Leben nicht erlauben.«[58]

Wer rettet die »Seele Europas«? Einige bescheidene Vorschläge

Was fehlt also wirklich? Mit einem Satz gesagt: Es mangelt an einer Institution, die kurzfristig eine Art *politischen Alarm* auslösen kann – und welche über starke politische Urteilskraft sowie ausreichende Autorität verfügt, damit ein solcher Alarm auch ernst genommen wird. Eine derartige Institution kann einem Gericht in mancher Hinsicht ähneln, aber sie kann keine Kopie eines Gerichtes sein: Sie muss nicht nur individuelle Rechtsverletzungen in den Blick nehmen, sondern die gesamte politische Landschaft erfassen können; ihre Mitglieder sollten ein Gespür haben für Kontexte, für Verhältnismäßigkeit, für komparative Bewertungen. Die Institution muss überparteilich sein, aber eben nicht im strikten Sinne unpolitisch, weil es ja gerade um dezidiert politische Herausforderungen (und den Blick auf ein politisches Gesamtbild) geht.

Nun ließe sich fragen: Wird hier nicht das Rad neu erfunden? Hängt der Prozess der EU-Erweiterung nicht von genau dieser Art Urteilen ab? Waren die »Kopenhagen-Kriterien«, welche unter anderem Demokratie, Rechtsstaat und Minderheitenschutz von den EU-Beitrittskandidaten forderten, nicht gerade jene Art von Kriterien, welche man nun mühsam wieder neu zu formulieren sucht, beispielsweise in der Auseinandersetzung mit Ungarn und Rumänien?[59] Ist dieses Know-how nicht noch vorhanden? Sind die entsprechenden Leute mit Fachwissen und Erfahrung nicht vielleicht auch noch da?

Ja und nein. Es leuchtet völlig ein, dass die bei der großen Erweiterung, die im »Massenbeitritt« 2004 gipfelte, gewonnenen Erfahrungen fruchtbar gemacht werden sollten. Es ist aber auch zu bedenken, dass der Erweiterungsprozess eben oft im »Checklist-Verfahren« vorgenommen wurde: Beamte machten Häkchen bei den einzelnen Kästchen (»Haben die Gerichte funktionstüchtige Computer, ja oder nein?«), ohne sich zu fragen, ob denn beispielsweise der Rechtsstaat bei den Bürgern am Ende wirklich als effektiv und legitim gilt.[60] Urteilskraft – das heißt schließlich, dass man nicht einfach Regeln anwenden oder Listen abarbeiten kann, sondern sich mit Gespür für einen Gesamtkontext ein Bild macht.[61]

Wünschenswert ist also eine Institution, welche »holistischer« vorgeht, ohne das Erbe der Kopenhagen-Kriterien zu verleugnen (denn es wäre absurd, wenn man nun plötzlich nach dem Beitritt mit völlig anderen Kriterien käme ...). Vielleicht wäre denn auch »Kopenhagen-Kommission«, in Anlehnung an die Venedig-Kommission des Europarates, hier ein passender Name.[62] Die Venedig-Kommission, offizieller Name: »Die Europäische Kommission für Demokratie durch Recht«, war 1990 gegründet worden, um osteuropäischen Staaten bei der Ausarbeitung neuer Verfassungen zu helfen. Sie bietet heute vor allem technische Unterstützung, erstellt aber auch Berichte wie die im ersten Kapitel dieses Buches diskutierten Reports zum neuen ungarischen Grundgesetz.[63]

Eine derartige Kommission könnte tätig werden, wenn eine

oder mehrere der zentralen EU-Institutionen – also Kommission, Parlament oder Rat – sie dazu aufrufen. Denkbar wäre auch, dass eine Petition, die von einer signifikanten Anzahl europäischer Bürger unterstützt wird, eine Untersuchung der Kommission auslöst, in Anlehnung an die seit 2012 möglichen Europäischen Bürgerinitiativen, mit der mindestens eine Million Staatsangehörige aus mindestens einem Viertel der EU-Mitgliedstaaten die EU-Kommission zur Vorlage eines Vorschlags in einem in ihre Zuständigkeit fallenden Bereich auffordern können.[64]

Nur: Man kann sich auf solche Initiativen wohl kaum verlassen, wenn es darum geht, »Europas Seele zu retten«. Auch wenn Bernard-Henri Lévys Beobachtung in dieser Hinsicht etwas pathetisch klingen mag, ganz falsch ist sie nicht:

> »Ich habe den Eindruck, dass es um die Seele Europas, die wir so sehr brauchen, noch nie so schlecht bestellt war wie heute. Ich erinnere mich an die Zeit, als man auf den Straßen von Paris aus Solidarität mit einem jungen Studenten namens Dany Cohn-Bendit skandierte: ›Wir alle sind deutsche Juden.‹ Ich erinnere mich an die Zeit, als wir uns spontan mit den Dissidenten in Mittel- und Osteuropa, dem von Kundera so genannten gefesselten Europa, solidarisch fühlten. Etwas später fand sich eine kleine Internationale zusammen, ein Club freier Geister, der von Salman Rushdie bis Peter Schneider reichte und für jenes Europa des Geistes kämpfte, welches das unter Beschuss liegende Sarajevo verkörperte. Und wiederum einige Jahre später, als dieselben Leute sich in Wien gegen Haider versammelten. Davon sind wir heute weit entfernt. Wir sind dabei, uns von alledem zurückzuziehen. Die Seele Europas ist in Gefahr.«[65]

Kurz gesagt: Auf individuelle Intellektuelle sollte man sich auch nicht verlassen …

Ideal wäre es aus all diesen Gründen, wenn die Kommission routinemäßig – vielleicht gar jedes Jahr – Berichte über den Zustand des Rechtsstaats und der Demokratie in den Mitgliedsländern erstellen könnte. Bekanntlich werden derartige Berichte ja bis heute regelmäßig über Bulgarien und Rumänien verfertigt, nachdem man 2007 die beiden (unsicheren) Kandidaten trotz vieler Bedenken aufgenommen hat. Einige Wissenschaftler haben die Idee von »Democratic Audits« ins Spiel gebracht; diese sollten kontinuierlich, konsistent, aber *nicht* normativ komparativ sein, um auf nationale Empfindlichkeiten Rücksicht zu nehmen. Auch die EU-Kommissarin Viviane Reding, zuständig für Justiz, Grundrechte und Bürgerschaft, schlug kürzlich vor, die Rechtssysteme der Mitgliedsstaaten kontinuierlich zu evaluieren.[66]

Zweifelsohne würden sich viele Mitgliedsstaaten gegen eine solche Dauerbeobachtung sträuben. Die Alternative wäre jedoch, von vornherein gewisse Länder gesondert zu behandeln, was nicht zu Unrecht den Verdacht von Vorurteilen (besonders gegen »die Osteuropäer«) wecken würde. Die Absicht solcher Berichte – ganz im Sinne der Idee eines »umgekehrten Solange« – bestünde ja auch nicht darin, Krittelei an jedem Aspekt nationaler Institutionen zu legitimieren, sondern in dem Versuch, systematische Probleme möglichst rasch zu erfassen und Empfehlungen auszusprechen. Darüber hinaus sollte es allerdings auch möglich sein, dass in Situationen, wo Institutionen kurzfristig radikal umgestaltet werden, die Kopenhagen-Kommission auf eigene Faust tätig wird.

Warum, so könnte man nun fragen, eigentlich nicht *die* Kommission, also die Europäische Kommission, damit beauftragen, anstatt schon wieder eine neue (teure) Einrichtung zu schaffen (und neue Akronyme, die kein europäischer Bürger mehr versteht)? In der Tat ist die Europäische Kommission, wie bereits mehrmals in diesem Essay erläutert, die Hüterin der Europäischen Verträge (zumindest neben dem Europäischen Gerichtshof eine von zwei Hüterinnen). Aber es ist immer wahrscheinlicher, dass die Kommission in den kommenden Jahren bewusst *politisiert* werden wird.[67] Der Präsident könnte direkt gewählt werden; die Parteien könnten im europäischen Verbund mit einem Spitzenkandidaten antreten, der dann von der Mehrheit im Europaparlament zum Präsidenten der Kommission gewählt würde. Es sei hier dahingestellt, ob eine solche Politisierung die Legitimitätsdefizite der EU ausgleichen kann – gerade in dem Fall, dass »Schuldenbremsen« und andere ordoliberale Regelungen sowohl in den EU-Verträgen als auch in nationalen Verfassungen verankert werden, sodass einer gewählten EU-Kommission sehr wenig Handlungsspielraum bei der Politikgestaltung verbleibt. Plausibel ist es auf jeden Fall, anzunehmen, dass eine explizit politisierte Kommission sich nicht mehr wie bisher primär als überparteiliche Hüterin der Verträge inszenieren könnte. Die bereits existierenden Verdachtsmomente – das entsprechende Misstrauen wird von Orbán und seinen Verbündeten kräftig geschürt –, beim supranationalen Schutz von Rechtsstaat und Demokratie gehe es eigentlich nur um Parteipolitik mit anderen Mitteln (und eben auf supranationaler Ebene), würden noch einmal deutlich verstärkt. Man kann also nicht so ohne Weiteres beides gleichzeitig haben: Demokratieschutz *und* direkt demokratisch legitimierte Institutionen zum Demokratieschutz, weswegen ja auch, wie schon mehrmals gesagt, beispielsweise in der Bundesrepublik nicht Berlin, sondern Karlsruhe Parteien verbieten kann.

Ein wichtiger Aspekt darf nicht unerwähnt bleiben: Europäische Institutionen müssen den richtigen Ton treffen: Das Problem ist nicht Ungarn, sondern eine bestimmte Regierung; die Probleme dieses und anderer Länder sind nicht einfach Hirngespinste von Populisten; den EU-Beitritt hat nicht jeder Ungar als Segen empfunden: Wer durch Budapest spaziert, kann auch die Rede vom EU-Kolonialismus nachvollziehen, denn Supermärkte und Drogerien scheinen fest in deutscher und österreichischer Hand. Die EU-Erweiterung war als Sicherung von Rechtsstaat und Demokratie gedacht – und sie hat bisher auch größtenteils in diesem Sinne funktioniert. Aber man muss auch Menschen verstehen können, welche sie als Ausweitung der kapitalistischen Kampfzone erfahren haben. Und man muss insbesondere auch die Ungarn verstehen, die aus der Geschichte die Lehre gezogen haben, dass »der Westen« immer wieder moralisch-politische Erwartungen schürt – nur um die Magyaren dann im Stich zu lassen (so – aus dieser Sicht – geschehen bei der liberalen Revolution 1848/1849, dann 1945 und vor allem 1956).

Europa sollte also nicht von oben herab belehren, und wenn es Maßnahmen ergreift und Sanktionen erlässt – dann immer im Namen gemeinsamer und stets wieder gemeinsam neu zu erringender

Prinzipien, anstatt Völker wie Demokratie-Pennäler zu behandeln, welche etwas schwer von Begriff sind.

Europäischer Schutz für Rechtsstaat und Demokratie – Schritt für Schritt

Zusammenfassend ließe sich folgender umfangreicher Forderungskatalog formulieren: Die im ersten Abschnitt dieses Kapitels behandelten Instrumente und Strategien sollten intakt bleiben. Sie sind nicht nutzlos, nur reichen sie im Zweifelsfall, auch bei einer Kombination verschiedener Instrumente und Strategien, nicht aus. Idealerweise würde Artikel 7 allerdings noch um die Möglichkeit erweitert, ein Mitgliedsland ganz aus der Union auszuschließen. Ein solches Szenario ist zwar nicht sehr wahrscheinlich, unmöglich ist es allerdings auch nicht. Derzeit könnte eine Militärdiktatur offiziell in der EU verbleiben – nur eben ohne Stimmrechte im Rat. Eigentlich ein skandalöser Zustand und ein Zeichen dafür, dass der europäischen Rechtsordnung etwas Wichtiges fehlt.

Darüber hinaus sollte Europa eine Institution (hier provisorisch Kopenhagen-Kommission genannt) kreieren, die – salopp gesagt – ein Auge auf die Entwicklungen in den Mitgliedsstaaten hält. Die üblichen pluralistischen europäischen Praktiken und Prinzipien, um nationalen Besonderheiten Rechnung zu tragen (wie die Doktrin der »margin of appreciation«), werden weiterhin angewandt: Bei Dissens zeigt man sich erst einmal verständnisvoll, versucht im Namen einer auf Gegenseitigkeit beruhenden normativen Selbstrelativierung dem anderen entgegenzukommen, möchte eine gemeinsame Sprache zur Rechtfertigung der eigenen Position finden. Bei dramatischen Entwicklungen aber kann die zu gründende Kommission von sich aus Alarm schlagen. Sie kann offiziell warnen, dass in einem Mitgliedsland Rechtsstaat und Demokratie in Gefahr sind. Sanktionen wären mit einer solchen Warnung erst einmal nicht verbunden; die Hoffnung ist jedoch, dass ein solcher Warnschuss überall im gemeinsamen europäischen Haus zu hören sein wird – und allein die dadurch generierte Aufmerksamkeit eine Regierung zum Umlenken veranlasst. Wenn sie es nicht tut, sollte die Kopenhagen-Kommission die Europäische Kommission dazu veranlassen können, Fördergelder wie beispielsweise die Mittel der Strukturfonds einzufrieren. Weiterhin wären politische Urteilsbildung und Ausführung der Sanktionen getrennt – wobei das Problematische an solchen Sanktionen zweifelsohne wäre, dass sie alle oder im Falle von Strukturfonds im Zweifel die Ärmsten eines Landes treffen würden, statt spezifisch die Regierung (Fidesz hat bereits Vorkehrungen getroffen, solche Strafen in Sondersteuern zu übersetzen und damit spürbar und sichtbar an alle Bürger weiterzugeben).

Es bleibt dann den anderen relevanten Akteuren überlassen, ob und gegebenenfalls wie sie noch weiter gehen. Regierungen könnten einer parteipolitisch befreundeten Exekutive zureden, wieder Räson anzunehmen. Die Kommission kann immer noch Vertragsverletzungsverfahren einleiten. Sie kann auch höflich fragen, ob eine Regierung vielleicht Interesse hätte, Verhandlungen über einen Austritt aus der EU aufzunehmen. Europäische Bürger können vor dem Europäischen Gerichtshof klagen. Die Möglichkeiten aus Artikel 7 stehen weiterhin offen.

Man mag einwenden, am Ende dieses Essays finde sich nun doch keine Forderung nach einer grundstürzenden Neuerung. Das ist nicht ganz falsch, aber auch eine neue Institution mit relativ überschaubaren unmittelbaren Wirkungsmöglichkeiten könnte letztlich große Effekte zeitigen: Denn allein schon die Gefahr, von einer Kopenhagen-Kommission offiziell verwarnt und vor der europäischen Öffentlichkeit bloßgestellt zu werden, sollte zukünftigen Orbáns zu denken geben. Im Moment verfolgt niemand – aber auch wirklich niemand – die Entwicklungen in einem Land wie Ungarn kontinuierlich und systematisch, der *gleichzeitig* die Möglichkeit hat, politischen Alarm und gegebenenfalls Sanktionen auszulösen. Mit anderen Worten: Zu viel bleibt dem Zufall überlassen. Doch was Demokratie und Rechtsstaat angeht, sollte sich Europa nicht einfach auf sein Glück verlassen.

Schluss: Europäische Demokratie, Eurokrise und die Neuverteilung politischer Autorität

Wie lassen sich die Krise der liberalen Demokratie in einer Reihe von Mitgliedsstaaten und die »Eurokrise« zusammendenken – wobei Letztere ja eigentlich nur ein Oberbegriff ist für eine Staatskrise (wie in Griechenland), für eine Bankenkrise (vor allem in Spanien, aber auch in Frankreich und Deutschland) und für eine Krise der politischen Autorität (und Legitimität) der EU als Ganzer? Wer vor allem auf Athen blickt, wird eine einfache Antwort parat haben: Die Eurokrise verursacht den Verfall nationaler Demokratien. Wer sein Augenmerk eher auf Budapest und Bukarest richtet, wird die Dinge differenzierter sehen. Sicherlich hat die Finanzkrise (und die darauf folgende brutale Sparpolitik) in beiden Ländern viel zur Instabilität beigetragen – aber viele Probleme waren eben auch hausgemacht, wie ich im ersten Kapitel dieses Essays zu zeigen versucht habe.

Klar ist aber, dass beide Krisen – die Eurokrise und die Krise der liberalen Demokratie innerhalb der Staaten – schon jetzt schwerwiegende moralische (und moralpsychologische) Folgen dafür haben, wie viele Menschen in und über Europa denken: Erstens wird heute wie selbstverständlich in Kategorien von »Land gegen Land« (oder gar: »Volk gegen Volk«) geredet: Deutschland gegen Griechenland etc. Zweitens hat sich die Grundannahme festgesetzt: Wer Probleme hat, ist wohl selber schuld. In den USA ist das Grundmuster des moralischen Narrativs der Finanzkrise: Die gierigen Banken haben den Menschen etwas aufgeschwatzt. In Europa heißt es: Die Südländer haben unser Geld genommen, obwohl sie wussten, dass sie es gar nicht zurückzahlen können. Und wer Hilfe will, der muss erst einmal seine Hausaufgaben machen und diese vorzeigen. Was innerhalb des Hauses passiert, in dem die Hausaufgaben gemacht werden sollen, interessiert uns allerdings nur mäßig. Drittens: Solidarität und Eigennutz stehen in einem unüberbrückbaren Gegensatz zueinander; man macht nicht auch mal etwas für andere, weil es langfristig vielleicht für alle gut ist. Wir verstehen uns nicht als Teil eines gemeinsamen politischen Raumes oder eines Gesellschaftsvertrages über Grenzen hinweg.

All dies sind fatale Annahmen, welche auch denen, die mit großen Visionen von den Vereinigten Staaten von Europa nicht viel anfangen können, zu denken geben sollten. Sie machen nicht nur den Weg in die Zukunft schwieriger – sie zersetzen bereits jetzt die bestehenden Fundamente der EU, wie wir sie kennen.

Was heißt Politische Union Europa?

Klar ist, dass die Lösung der Eurokrise eine Neuverteilung politischer Autorität in der EU nötig macht und dass diese Neuverteilung letztlich von den Bürgern als legitim anerkannt werden muss – so sie denn Bestand haben soll. So befürwortet inzwischen alle Welt (oder zumindest alle Welt in Deutschland) die Idee einer Europäischen Politischen Union oder kurz »EPU«. Selten ist ein politischer Begriff, der ja auch immer ein Vorgriff auf eine bessere politische Zukunft ist, so undeutlich, vielleicht auch bewusst undeutlich, geblieben. Das Standardargument ist bekannt: Die Währungsunion müsse endlich um eine Finanz-, Wirtschafts- und eben auch Politische Union ergänzt werden, um den großen Konstruktionsfehler des Euro zu beheben. Diese Nachbesserungslogik impliziert aber auch, dass sich die Rechtfertigung des europäischen Projekts grundlegend gewandelt hat. Hieß es einst: »Wir brauchen den Euro, weil wir eine Föderation von Nationalstaaten wollen«, so lautet die Forderung heute: »Wir brauchen eine Föderation von Nationalstaaten, weil wir den Euro retten müssen.«

Konkret bedeutet Politische Union im Zusammenhang mit der Eurorettung offenbar zweierlei: Der finanz- und wirtschaftspolitische Handlungsspielraum der Mitgliedsstaaten wird mit strengen Regeln eingeschränkt; gleichzeitig erlangen die europäischen Institutionen, allen voran die Kommission, neue Kompetenzen, um über die Einhaltung der Regeln zu wachen. Gegenseitiges Vertrauen, gegenseitige Anerkennung seitens der Mitgliedsstaaten sind gut – aber Kontrolle ist doch besser.[68]

Prinzipiell ist dies eine Version 2.0 der ursprünglichen Eurokonstruktion – ein Stabilitätspakt mit Lippenstift, wie Kritiker frotzeln. Die Frage ist berechtigt, warum diesmal funktionieren soll, was schon einmal nicht funktioniert hat: Finanzpolitische Regeln, hinter denen keine Macht steht, werden im Zweifelsfall gebrochen, zumindest von den mächtigsten Mitgliedsstaaten.

Eine auf den ersten Blick plausible Antwort lautet: Diesmal wird's demokratisch, und das heißt legitim. Und weil, frei nach Max Weber, Regeln, an deren Gültigkeit man wirklich glaubt, auch befolgt werden, geht jetzt alles gut aus. Entsprechend dieser Logik wäre der Gedanke, die Politische Union müsse demokratisch sein, nicht einfach nachgeschoben, wie es bei Verlautbarungen Barrosos und Herman Van Rompuys gelegentlich den Anschein hat, und vor allem auch ernst gemeint – obwohl Demokratie dabei immer noch primär eine instrumentelle Funktion hätte.

Doch zeigt sich hier ein Grundwiderspruch, der bisher noch von keinem der Befürworter einer »EPU« wirklich aufgelöst worden ist: Einerseits will man die Finanzentscheidungen der Mitgliedsstaaten entpolitisieren, um den Euro zu sichern; andererseits will man die Kommission durch europaweite Wahlen politisieren, um die Eurorettung zu legitimieren. Der Verdacht liegt nahe, dass Letzteres nur Kosmetik ist – noch mehr Lippenstift, wenn man so will. Sogar ein direkt gewählter Kommissionspräsident hätte keine Handlungsspielräume, da die Regeln nur dann glaubwürdig sind, wenn sie nicht nach Belieben geändert werden können. Meint man es hingegen ernst mit der Demokratie, dann ist nicht ersichtlich, wie eine Politische Union die Eurorettung garantieren kann. Denn Demokratie heißt Unberechenbarkeit innerhalb fester Verfahrensregeln – man weiß nie, wie es ausgeht. Nur undemokratische Regime kennen immer schon im Voraus ihre »Wahlergebnisse«. Doch Unberechenbarkeit vertragen die Märkte bekanntlich ganz und gar nicht.

Lässt sich dieser Widerspruch auflösen? Man kann argumentieren, die Spannung zwischen dem Ideal kollektiver Selbststeuerung und der Notwendigkeit festgefügter politischer Rahmenbedingungen umschreibe nur aufs Neue das stets schwierige Verhältnis zwischen Demokratie als gemeinsamer Willensäußerung und Demokratie als Konstitutionalismus – eine Spannung also, welche nicht EU-spezifisch ist und welche dem ganzen Unternehmen auch nicht die Legitimität rauben muss. Dieser Einwand übersieht jedoch zwei durchaus EU-spezifische Probleme. Einerseits ist keineswegs klar – wir sahen dies bereits bei der Diskussion der neuen ungarischen Verfassung –, dass Wirtschafts- und Finanzpolitik tatsächlich konstitutionalisiert werden sollten; andererseits ist aber auch gar nicht ersichtlich, dass sie überhaupt auf sinnvolle Weise konstitutionalisiert werden *können*. Richtlinien wie die, dass die Gesamtverschuldung eines Landes 60 Prozent des Bruttoinlandsprodukts nicht übersteigen darf, sind etwas anderes als Grundrechte oder Gewaltenteilung. Es handelt sich dabei um kontroverse, Kritiker würden zudem sagen: willkürliche Grenzziehungen, die mit dem wirtschaftlichen Gesamterfolg eines Landes wenig zu tun haben. Ganz abgesehen davon kann man solche Regeln auch umgehen – die hochdotierten Zahlenartisten der kreativen Buchhaltung werden sich schon etwas einfallen lassen.

Es bleibt zudem unklar, wie eine Europäische Kommission, die vor allem als Finanz-Grenzschutz dient, zu einem legitimen politischen Akteur werden kann. Eine mögliche Antwort lautet: Notwendig wäre hier ein substanzielles EU-Budget, das die Kommission zur Lösung von Sachproblemen einsetzen und mit dem sie vor allem wirtschaftliche Ungleichgewichte innerhalb der Eurozone mildern könnte. Ein solches Budget, so ein Vorschlag des Europarechtlers Miguel Poiares Maduro, müsste sich aus Steuern speisen, die für jedermann sichtbar etwas mit dem Binnenmarkt zu tun haben.[69] Zu denken wäre an die bereits oftmals diskutierte Finanztransaktionssteuer oder an die Besteuerung von Unternehmensgewinnen, die sich plausibel auf die Vorzüge des gemeinsamen Marktes zurückführen lassen.

Damit könnte man gleich zwei Legitimitätsdefizite angehen: Die Bürger würden die Kommission nicht nur wählen, sie würden sie auch in erheblichem Maße direkt finanzieren. Schließlich gilt auch hier: *no representation without taxation*. Gleichzeitig würde Europa sich nicht länger in fataler Weise in »Geber-« und »Nehmerländer« spalten, so als würde Nation gegen Nation stehen, obwohl deutsche und griechische Gewerkschaften untereinander vielleicht doch mehr Interessen gemein haben als mit ihren jeweiligen nationalen Banken. Darüber hinaus würde ein Budget es der Kommission ermöglichen, nicht nur als Hüterin neoliberaler EU-Verträge, sondern auch einmal als Advokat der Gerechtigkeit in Europa aufzutreten. Und – last but not least – würde ein solches Budget der Kommission Gestaltungsspielräume bieten, innerhalb derer die Parteien bei Europawahlen verschiedene Vorschläge machen könnten. Damit gewönnen europäische Wahlkämpfe an Inhalt; die Kandidaten würden nicht nur darum wetteifern, wer bei finanzpolitischen Verfehlungen am härtesten durchgreift, sondern auch um positive, vielleicht gar wohlfahrtsstaatliche Visionen für die europäische Zukunft ringen.

Politische Union Europa – ein Wirtschaftskoloss auf tönernen normativen Füßen?

Dieser Essay ist keine Übung in Futurologie. Doch scheinen derzeit zwei Szenarien für eine Politische Union – so es sie denn überhaupt geben sollte – plausibel. Diese haben unterschiedliche Auswirkungen auf die Frage nach dem supranationalen Schutz von Rechtsstaat und Demokratie.

Sollte eine »EPU« primär oder gar ausschließlich die Konstitutionalisierung von ordoliberalen Regeln bedeuten, so wäre dies eine schlechte Nachricht für die europäischen Bürger. Das Ideal einer marktkonformen Demokratie hätte über das des demokratiekonformen Marktes gesiegt (um einen suggestiven, von Ingo Schulze in die Debatte eingeführten Gegensatz aufzugreifen).[70] Sollte die EU dann, was den Schutz von Rechtsstaat und Demokratie in Mitgliedsländern angeht, weiterhin untätig bleiben, ergäbe sich eine eklatante Asymmetrie: Durchgriffsrechte auf nationale Budgets auf der einen Seite (bis hin zu dem Szenario, dass die Europäische Kommission die Bürger eines Landes bereits während eines nationalen Wahlkampfes dahingehend belehrt, dass es gar keinen Sinn habe, eine bestimmte Partei – beispielsweise mit dezidiert keynesianischen Vorstellungen – zu wählen, weil die ihre Pläne ohnehin nicht umsetzen könne); eine Art Laisser-faire in Bezug auf die angeblich gemeinsamen europäischen Grundwerte auf der anderen.

Das zweite Szenario sähe wie folgt aus: Es gäbe eine politisierte, sprich direkt oder indirekt gewählte Kommission, die sich dem Modell einer europäischen Regierung annähert und die entweder vom Europäischen Parlament gestützt wird (wie in der parlamentarischen Demokratie) oder – eher dem amerikanischen Vorbild entsprechend – ein eigenständiges Gegengewicht zur Legislative bildet. Solch eine Entwicklung könnte von einer Institution wie der in diesem Essay vorgeschlagenen Kopenhagen-Kommission flankiert werden; das gesamte Institutionengefüge hätte sehr viel bessere Chancen, in den Augen der europäischen Bürger als legitim zu gelten; und die im obigen Fall erläuterte Asymmetrie wiche einer Symmetrie von supranationalen Interventionsmöglichkeiten.

So oder so wären dies tief greifende Veränderungen der EU. Der Ruf nach einer großen Debatte darüber ist wohlfeil. Die vielbeschworenen transnationalen Talks über Europa oder gar ein neuer Verfassungskonvent müssen jedoch mehr sein als PR-Aktionen, die Europa »den Menschen näherbringen«. Es geht um Druck auf europäische Eliten, den Bürgern genau zu erklären, welche Probleme eine Politische Union löst und ob sie nicht nur das Überleben des Euro sichert, sondern auch das Überleben der Demokratie in den Mitgliedsstaaten. Um noch einmal eine Formulierung Schulzes aufzugreifen: Die Europäer müssen sich – und ihre Demokratien sowie *die Demokratien der Anderen* – wieder ernst nehmen.

Anmerkungen

Einleitung

1 Solche Einschätzungen werden inzwischen von vielen Beobachtern geteilt: Das amerikanische Freedom-House-Institut hat die Situation der Medien in Ungarn im Jahre 2012 von »frei« auf »teilweise frei« heruntergestuft; der entsprechende Bericht ist online verfügbar unter: {http://www.freedomhouse.org/report/freedom-press/2012/hungary} (Stand Dezember 2012). Insgesamt gilt das Land jedoch immer noch als »frei«; vgl. dazu die online verfügbaren Informationen unter: {http://www.freedomhouse.org/report/freedom-world/2012/hungary (Stand November 2012).

2 Ulrich Beck, *Das deutsche Europa. Neue Machtlandschaften im Zeichen der Krise*, Berlin: Suhrkamp 2012, S. 31.

3 Michael Martens, »Unheilvolle Morgendämmerung«, in: *Frankfurter Allgemeine Zeitung* (1. Mai 2012).

4 Die Klage hatte nach einem beschleunigten Verfahren im November 2012 Erfolg; vgl. dazu die online verfügbare Mitteilung des EuGH unter: {http://curia.europa.eu/jcms/upload/docs/application/pdf/2012-11/cp120139de.pdf} (Stand Dezember 2012).

5 Barrosos Diagnose und Forderung im Wortlaut: »In den vergangenen Monaten war das rechtliche und demokratische Gefüge einiger europäischer Staaten in Gefahr. Das Europäische Parlament und die Kommission schlugen als Erste Alarm. Sie waren es, die maßgeblich dafür sorgten, dass diese beunruhigenden Entwicklungen unter Kontrolle gebracht wurden. Gleichzeitig wurden uns aber auch die Grenzen unserer institutionellen Vereinbarungen aufgezeigt. Wir brauchen ein besseres Instrumentarium – nicht nur die Alternative zwischen der ›sanften Gewalt‹ politischer Überzeugungskunst und der ›radikalen Option‹ von Artikel 7 des Vertrags.« (José Manuel Durão Barroso, »Rede zur Lage der Union 2012«, gehalten auf der Plenartagung des Europäischen Parlaments, Straßburg, 12. September 2012, online verfügbar unter: {http://europa.eu/rapid/press-release_SPEECH-12-596_de.htm} [Stand November 2012]) Im englischen Original war von »nuclear option« die Rede.

I. Neue Herausforderungen an die liberale Demokratie in Europa: Zum Beispiel ... Ungarn

6 Man kann es nicht besser sagen als Péter Esterházy: »Wenn man die Freiheit nicht kennt, glaubt man, mit dem Kapitalismus kommt gleich der Wohlstand. Der ist selbstverständlich nicht gekommen. Auch weil wir uns nicht so benommen haben, wie man sich in einer freien Wirtschaftswelt benehmen muss. Das Misstrauen gegenüber Staatlichkeit ist geblieben. Einerseits soll der Staat all unsere Probleme wie ein Vater lösen. Andererseits ist er ein Feind. Diese doppelte Anschauung ist ein Erbe. Nicht nur aus Diktaturzeiten, sondern auch aus der K&K-Zeit. Der Staat ist nicht unser!« (David Hugendick, »Ein Intellektueller kann sich beim Fußball sehr falsch benehmen«, Péter Esterházy im Gespräch, auf: *Zeit online* [2. April 2012], online verfügbar unter: {http://www.zeit.de/kultur/literatur/2012-03/interview-peter-esterhazy} [Stand Dezember 2012])

7 In einem Aufsatz in der *Frankfurter Allgemeinen Zeitung* wurde Konrád präziser: »Meine Heimat ähnelt allmählich den mittelasiatischen postsowjetischen Alleinherrschaften. Es gibt Leute, die bereits von einem Orbánistan sprechen. Zusehends mehr junge Menschen versuchen, einen Arbeitsplatz außerhalb Ungarns zu finden, vor allem in Westeuropa. Und es sind die mutigeren und begabteren. Ähnlich wie im Herbst 1956 sehen sie sich verdüsternde Perspektiven. Wer von der Jugend im Land bleibt, der denkt immer öfter darüber nach, was er mit seinen bescheidenen Ersparnissen anfangen soll. Schließlich hat die Regierung die Einzahlungen in die privaten Rentenkassen bereits kassiert. Und wer weiß, was noch folgen wird. Denn was irgend möglich ist, wird verstaatlicht. Und die Verfügungsgewalt über alles wird von der zentralen Verwaltung ausgeübt. Von einer liberalen Demokratie kann in Ungarn nicht länger die Rede sein.« (György Konrád, »Ramsch-Land mit Ramsch-Regierung«, in: *Frankfurter Allgemeine Zeitung* [16. Januar 2012], online verfügbar unter: {http://www.faz.net/aktuell/feuilleton/konrad-zu-ungarn-ramsch-land-mit-ramsch-regierung-11609241.html} [Stand Dezember 2012])

8 Paul Lendvai, *Mein verspieltes Land. Ungarn im Umbruch*, Salzburg: Ecowin Verlag 2010, S. 48. Lendvais Buch gibt einen ausgezeichneten Überblick über die jüngste ungarische Geschichte. Zur Orientierung zu empfehlen ist darüber hinaus die Ausgabe »Quo vadis, Hungaria? Kritik der ungarischen Vernunft« der Zeitschrift *Osteuropa* (Dezember 2011).

9 Versuche, nun eine ganz neue Verfassung zu verabschieden, scheiterten in dieser Phase primär an den parteipolitischen Winkelzügen Gyula Horns.

10 Die Haltung zeigt im Übrigen, dass »1989« in der Tat unvollendet war – aber nicht wegen einer vermeintlich stalinistischen Verfassung, sondern weil eine von zwei dominanten Parteien den politischen Gegner nicht *auch* als Partner auf der Grundlage geteilter demokratischer Werte anerkannte.

11 Einige führende linksliberale Intellektuelle – wie János Kis und István Eörsi – kehrten zu diesem Zeitpunkt dem SzDSz den Rücken.

12 Auf die Frage »Sind Sie auf Ihre berüchtigte ›Lügenrede‹ in Balatonőszöd auch stolz?« antwortete Gyurcsány in einem Gespräch mit der deutschsprachigen *Budapester Zeitung*: »Ja natürlich. Meine Rede in Őszöd war ein dramatischer Monolog, der mit inbrünstiger Leidenschaft artikuliert wurde. Ich kenne niemanden, der seither zu etwas Ähnlichem fähig gewesen wäre.« (»Die Macht macht den Menschen ungemein narzisstisch«, online verfügbar unter: {http://www.budapester.hu/2012/10/%E2%80%9Edie-macht-macht-den-menschen-ungemein-narzisstisch/}[Stand Dezember 2012])

13 Nominell handelt es sich um eine Koalition aus Fidesz und Christdemokraten (KNDP). Letztere haben jedoch jegliche politische Eigenständigkeit eingebüßt.

14 Die Deklaration ist auf Deutsch online verfügbar unter: {http://www.mfa.gov.hu/NR/rdonlyres/757BF61B-82B5-479E-8E8F-73794273964C/0/Politische_Deklaration.pdf} (Stand Dezember 2012).

15 Philip Pettit, »Depoliticizing democracy«, in: *Ratio Juris* 17/2004, S. 52-65.

16 Lendvai, *Mein verspieltes Land*, a. a. O., S. 137.

17 Auf Deutsch ist das neue Grundgesetz online verfügbar unter: {http://www.mfa.gov.hu/NR/rdonlyres/09A650FD-0ACB-4C14-B572-7CDEF40B8966/0/grundgesetz_ungarn.pdf} (Stand Dezember 2012), vgl. für eine detaillierte Analyse der Verfassung Gábor Attila Tóth (Hg.), *Constitution for a Disunited Nation. On Hungary's 2011 Fundamental Law*, Budapest: CEU Press 2012.

18 Es ist bezeichnend, dass sogar die Verfassung als individuelle Gesetzesinitiative eines Abgeordneten ihren Ausgang nahm.

19 Kostprobe: »In the Name of the Most Holy Trinity, from Whom is all authority and to Whom, as our final end, all actions both of men and States must be referred, We, the people of Éire ...«

20 Die Europäische Kommission für Demokratie durch Recht (Venedig-Kommission) erklärte in ihrem Bericht über die neue Verfassung vom Juni 2011: »The weakening of the parliamentary majority's powers and of the position of the Constitutional Court in the Hungarian system of checks and balances ... is for the Venice Commission a reason of concern.« Der Bericht ist online verfügbar unter: {http://www.venice.coe.int/docs/2011/CDL-AD(2011)016-E.pdf} (Stand Dezember 2012).

21 In einer Rede vor Parteimitgliedern hatte Orbán im September 2009 erklärt, die dualistische Machtstruktur (Fidesz und Sozialisten) schade Ungarn; es gehe darum, ein »zentrales Kraftfeld« zu etablieren und das Land langfristig in die richtige Richtung zu steuern. Diese Strategie erinnert an Horthys Regime der Zwischenkriegszeit, in dem es Wahlen und einen begrenzten Pluralismus, aber nie einen wirklichen Machtwechsel gab.

22 Das Wahlgesetz war dem Verfassungsgericht vom Präsidenten zur Kontrolle vorgelegt worden.

23 Dies waren allerdings lokale Initiativen. Bezeichnend ist jedoch, dass Orbán auf Nachfrage bekräftigte: »Solche Entscheidungen obliegen ausschließlich lokalen Gemeinden.« (Zitiert nach Michael Fleischhacker/Christian Ultsch, »Wir haben die Linke zertrümmert«, Victor Orbán im Gespräch, in: *Die Presse* [16. Juni 2012], online verfügbar unter: {http://diepresse.com/home/politik/aussenpolitik/766412/Orban-im-Interview_Wir-haben-die-Linke-zertruemmert?_vl_backlink=/home/index.do [Stand Dezember 2012])

24 Am weitesten ging Orbán bisher mit einer Ansprache im August in Ópusztaszer, welche ob ihrer Blut-und-Boden-Rhetorik im In- und Ausland scharf kritisiert wurde. Auszug: »Der Turul [ein mythischer Vogel und ein Nationalsymbol der Ungarn; der Autor] ist ein Urbild, das Urbild der Ungarn. Wir werden in es hineingeboren, so wie wir in unsere Sprache und Geschichte hineingeboren werden. Das Urbild gehört zum Blut und zum Heimatboden. Von dem Augenblick an, wo wir als Ungarn auf die Welt kommen, schließen unsere sieben Stämme den Blutbund, gründet unser heiliger Stephan den Staat, unterliegen unsere Truppen in der Schlacht bei Mohács, der Turul aber ist das Symbol der nationalen Identität der jetzt lebenden, der schon gestorbenen und der erst noch auf die Welt kommenden Ungarn.« (Zitiert nach Gregor Mayer, »Umstrittene Blut-und-Boden-Rede Orbáns«, in: *Der Standard* [4. Oktober 2012], online verfügbar unter: {http://derstandard.at/1348284885395/Umstrittene-Blut-und-Boden-Rede-Orbans} [Stand Dezember 2012] [Stand Dezember 2012])

25 Ausführliche Informationen über das Mediengesetz (inklusive eines systematischen Vergleichs mit der Situation in anderen europäischen Ländern, der zeigt, dass die Behauptung der Regierung, für alle Regelungen im Mediengesetz gebe es anderswo Parallelen, so nicht stimmt) finden sich auf der Website des Center for Media and Communications Studies der Central European University in Budapest; online verfügbar unter:{http://cmcs.ceu.hu/} (Stand Dezember 2012).

26 Wobei grundlegende Kritik an einem neuen Mitgliedsstaat, gerade aus Osteuropa, seitens der Kommission natürlich immer eine zweischneidige Sache ist, setzt sich

Brüssel doch automatisch der Kritik aus, beim Beitritt nicht so genau hingeschaut zu haben.

27 Thomas Gutschker, Friederike Haupt, Georg Paul Hefty, Volker Zastrow, »›Es gibt ein verborgenes Europa‹«, Viktor Orbán im Gespräch, in: *Frankfurter Allgemeine Zeitung* (4. März 2012), online verfügbar unter: {http://www.faz.net/aktuell/politik/europaeische-union/viktor-orban-im-gespraech-es-gibt-ein-verborgenes-europa-11671291.html} (Stand November 2012).

28 »Sind Sie ein schlechter Mensch, Herr Orbán?«, in: *Bild* (19. Januar 2012), online verfügbar unter: {http://www.bild.de/politik/ausland/viktor-orban/interview-sind-sie-ein-schlechter-mensch-22146330.bild.html} (Stand November 2012).

29 »Orbán muss weiser kommunizieren«, Gespräch mit Reinhard Olt, dem ehemaligen Ungarn-Korrespondenten der *Frankfurter Allgemeinen Zeitung*, in: *Budapester Zeitung* (16. November 2012), online verfügbar unter: {http://www.budapester.hu/2012/11/%E2%80%9Eorban-regierung-muss-weiser-kommunizieren/} (Stand November 2012).

30 Ulrich Schacht, »Was hat Rumänien, was Ungarn nicht hat?«, in: *Wiener Zeitung* (9. August 2012), online verfügbar unter: {http://www.wienerzeitung.at/meinungen/gastkommentare/479008_Was-hat-Rumaenien-was-Ungarn-nicht-hat.html} (Stand November 2012).

II. Die EU als wehrhafte Demokratie: Vier Einwände

31 Eine historisch und theoretisch fundierte These dieser Art findet sich bei Peter L. Lindseth, *Power and Legitimacy. Reconciling Europe and the Nation-State*, New York: Oxford UP 2010.

32 Mit alledem ist nicht gesagt, die EU hätte das Recht, ständig und überall zu intervenieren – sie ist erstens kein Staat und zweitens selbst vertraglich (und auch verfassungsrechtlich) gebunden: Sie darf ihre Kompetenzen nicht überschreiten, und sie darf vor allem auch nicht die in der Charta der Grundrechte verbrieften Rechte der EU-Bürger verletzen.

33 J. H. H. Weiler, »Federalism without constitutionalism: Europe's *Sonderweg*«, in: Kalypso Nicolaïdis/Robert Howse (Hg.), *The Federal Vision: Legitimacy and Levels of Governance in the United States and the European Union*, Oxford: Oxford UP 2001, S. 54-70.

34 Guido Westerwelle, »Europas Werte verteidigen!«, in: *Frankfurter Allgemeine Zeitung* (5. September 2012). Abgesehen von der eigenartig ökonomisierenden Sprache (»Markenzeichen«) wäre hier zu bemerken, dass die genannten Werte auf keine Weise spezifisch europäisch sind (oder gar EU-spezifisch – Norwegen und die Schweiz sind hier bessere Kandidaten für eine glaubwürdige Vertretung dieser Werte als Ungarn und Rumänien). »Politische Kultur« ist zudem überhaupt kein Wert, sondern ein Begriff der empirischen Politikwissenschaft, um eine ganze Reihe subjektiver Haltungen zur Politik in einzelnen Ländern zusammenzufassen (auch Nazi-Deutschland hatte eine »politische Kultur«).

35 »Speech by Angela Merkel, Chancellor of the Federal Republic of Germany, to the European Parliament in Strasbourg on Wednesday, 17 January 2007«, online verfügbar unter: {http://www.eu2007.de/en/News/Speeches_Interviews/January/Rede_Bundeskanzlerin2.html} (Stand September 2007).

36 Siehe auch Peter L. Lindseth, »The paradox of parliamentary supremacy: Delega-

tion, democracy, and dictatorship in Germany and France, 1920-1950s«, in: *Yale Law Journal* 113/2 2004, S. 1341-1415.

37 Ich entwickele diese These ausführlich in *Das demokratische Zeitalter. Eine politische Ideengeschichte Europas im zwanzigsten Jahrhundert*, Berlin: Suhrkamp 2013). Bezeichnend ist in diesem Zusammenhang auch die Tatsache, dass der Schlüsselwert vieler nach 1945 geschaffener Verfassungen eben nicht Freiheit ist – ob nun individuell oder kollektiv verstanden –, sondern Würde.

38 Es ist insofern auch kein Zufall, dass relativ euroskeptische Länder wie Großbritannien, Norwegen, Dänemark, Schweden und die Schweiz zu den ältesten Demokratien in Europa gehören: Ihre Skepsis gründet nicht nur in der Sorge, Brüssel könnte die nationalen Demokratien aushöhlen, sondern auch in der Tatsache, dass die EU eine Art Erweiterung des dezidiert antitotalitären Verständnisses einer »eingeschränkten Demokratie« ist.

39 Nun kann man fragen, worin eigentlich der Unterschied besteht zwischen eingeschränkten und gelenkten Demokratien – ist Lenkung nicht die sicherste Form der Einschränkung? Die Antwort lautet, dass es bei eingeschränkten Demokratien wirkliche Machtwechsel gibt – bei gelenkten Demokratien aber immer eine Parteiengruppierung oder gar eine Person an der Macht bleibt.

40 Wichtig ist, dass sich diese Standards in bestimmte institutionelle Formen – oder, noch einfacher gesagt: Recht – übersetzen. Der Verdacht, hier würde mittels einer Definition von Europa als »Wertegemeinschaft« eine »Gesinnungsdiktatur« errichtet, trifft also nicht zu; vgl. Robert Spaemann, »Europa ist kein Werteverbund«, in: *Cicero* (April 2004), Carl Schmitt, *Die Tyrannei der Werte*, Berlin: Duncker & Humblot 2011.

41 Zitiert nach Michael Walzer, *Just and Unjust Wars*, New York: Basic Books 1992, S. 88.

42 Dies die geläufige Übersetzung des berühmt-berüchtigten Satzes von Neville Chamberlain über die Tschechoslowakei, bevor er diese 1938 an Hitler preisgab: »a quarrel in a far-away country between people of whom we know nothing«.

43 Diese Differenzierung fehlte noch in meinem Buch *Verfassungspatriotismus*, Berlin: Suhrkamp 2010, S. 138.

44 Das sogenannte »all-affected-principle« ist in der politischen Philosophie höchst umstritten und praktisch schwer zu spezifizieren. Im Kontext der EU als einer klar definierten politischen und rechtlichen Gemeinschaft ist es allerdings sehr viel plausibler; vgl. zu den allgemeinen Problemen, das Prinzip umzusetzen, Robert E. Goodin, »Enfranchising all affected interests and its alternatives«, in: *Philosophy and Public Affairs* 35/2007, S. 40-68.

45 Sitzung vom 22. März 2012; Redebeiträge von Abgeordneten der CDU und CSU.

46 Theoretisch ließe sich dieser Gedanke mit der republikanischen Idee der »vorher autorisierten Intervention« (»licensed interference«) untermauern; vgl. Philip Pettit, *Republicanism: A Theory of Freedom and Government* (Oxford: Oxford UP 1997) für die Theorie sowie José Luis Martí/Philip Pettit, *A Political Philosophy in Public Life* (Princeton: Princeton UP 2010), was praktische Implikationen angeht.

47 Allerdings war Berlusconis Regierungsstil im Allgemeinen »personalistischer« und weniger auf eine umfassende institutionelle Neugestaltung ausgerichtet: Der Cavaliere schuf eine Art »Hof«, dessen innere Dynamik dem eines Hofes der italienischen Renaissance glich; er kreierte persönliche Abhängigkeiten; und er erkaufte sich politische Loyalität mit immer neuen persönlichen Vergünstigungen für seine Verbündeten. Als dieser Mechanismus im Herbst 2011 nicht mehr funktionierte,

verlor er die Macht, vgl. dazu Maurizio Viroli, *The Liberty of Servants. Berlusconi's Italy*, Princeton: Princeton UP 2011; Nadia Urbinati, *Prima e Dopo*, Rom: Donzelli 2011; Alexander Stille, *Citizen Berlusconi*, München: C. H. Beck 2006.

48 Ich danke Gianfranco Pasquino für Informationen und Hinweise.

III. Was alles fehlt: Politische und rechtliche Instrumente

49 Wojciech Sadurski, »Adding bite to the bark: The story of article 7, E.U. enlargement, and Jörg Haider«, in: *Columbia Journal of European Law* 16/2009, S. 385-426.

50 Die folgenden Gedankengänge beruhen auf Armin von Bogdandy, Matthias Kottmann, Carlino Antpöhler, Johanna Dickschen, Simon Hentrei, Maja Smrkolj, »Reverse Solange – Protecting the essence of fundamental rights against EU member states«, in: *Common Market Law Review* 49/2012, S. 489-520; eine Zusammenfassung ist online verfügbar unter: http://www.verfassungsblog.de/ein-rettungsschirm-fur-europaische-grundrechte-dargestellt-am-beispiel-der-medienfreiheit/#.UM9TZFLSzxs (Stand Dezember 2012).

51 Schlussantrag des Generalanwalts M. Poiares Maduro vom 12. September 2007 in der Rechtssache C380/05 (Centro Europa 7 Srl gegen Ministero delle Comunicazioni e Autorità per le Garanzie nelle Comunicazioni und Direzione Generale Autorizzazioni e Concessioni Ministero delle Comunicazioni), online verfügbar unter: {http://curia.europa.eu/juris/document/document.jsf?text=&docid=62786&pageIndex=0&doclang=DE&mode=lst&dir=&occ=first&part=1&cid=661182} (Stand Dezember 2012). Die Formulierung »civis europeus sum« findet sich im Antrag des Generalanwalts Francis Jacobs im Fall Konstantinidis (Rechtssache C-168/91). Hier ließe sich zwischen Grundrechten als Bausteinen für die Errichtung eines poltischen Gemeinwesens – letztendlich eines Staates – und Grundrechten als Garantien für das Funktionieren eines Sui-generis-Gebildes wie der EU in ihrem jetzigen Zustand – also als Nicht-Staat – differenzieren. Wer keinen EU-Staat will, wird sich Sorgen machen, dass die zweite Funktion immer auch so interpretiert werden kann, dass man de facto zentralisierte Institutionen (also Gerichtshof und Kommission) ermächtigt, eine Art Staat zu errichten. Ein historisches Beispiel für einen derartigen Prozess ist die amerikanische »commerce clause«, die so weitreichend interpretiert wurde, dass sie zu einem Staats- und vor allem auch Wohlfahrtsstaatsbildungsinstrument par excellence wurde: Aller Wirtschaftsverkehr über die Grenzen der amerikanischen Bundesstaaten hinweg konnte so interpretiert werden, dass sich Gesetze und Regulierungen damit rechtfertigen ließen, die mit dem freien amerikanischen Markt wenig zu tun hatte. Bedenkenswert ist auch, dass die »republican clause« der US-Verfassung, welche den Staaten eine republikanisch-demokratische Verfassung garantiert, in der amerikanischen Geschichte kaum eine Rolle gespielt hat; es war die nach dem Bürgerkrieg entstandene Garantie individueller Bürgerrechte im »fourteenth Amendment«, welche den Unions- und Staatsbildungsprozess voranbrachte. Ich danke Mattias Kumm und Miguel Maduro für Anregungen und Hinweise in diesem Zusammenhang.

52 Vgl. auch Maximilian Steinbeis, »Civis europaeus sum!«, in: *Frankfurter Allgemeine Zeitung* (15. Februar 2012), online verfügbar unter: {http://www.faz.net/aktuell/feuilleton/ungarn-und-die-europaeischen-grundrechte-civis-europaeus-sum-11650672.html} (Stand Dezember 2012).

53 Vgl. Anna Katharina Mangold, »Rescue package for fundamental rights«, online verfügbar unter: {http://www.verfassungsblog.de/en/rescue-package-for-fundamental-rights-comments-by-anna-katharina-mangold/#.UKZVlILSzxs} (Stand Dezember 2012). Besonders Großbritannien und Polen haben sich immer sehr besorgt gezeigt, wo es darum ging, die Charta der Grundrechte auf irgendeine Weise auf die Mitgliedsstaaten selbst anzuwenden.

54 Vgl. Michaela Hailbronner, »Rescue package for fundamental rights«, online verfügbar unter: {http://www.verfassungsblog.de/rescue-package-for-fundamental-rights-comments-by-michaela-hailbronner/#.UKZeJlLSzxs} (Stand November 2012).

55 Bei der anschließenden Pressekonferenz sagte sie: »Wir haben ein sehr offenes Gespräch gehabt – das ist ja auch das Gute an solchen Gesprächen. Sowohl was die wirtschaftlichen Fragen anbelangt als auch was die Fragen des Wahlrechts oder der Pressepolitik anbelangt, kann man in solchen Gesprächen ja auch offen die Beweggründe und die Fragen erfahren. Das, was ich in meinen einführenden Worten schon gesagt habe, nämlich dass da, wo zum Beispiel bei der Europäischen Kommission oder beim Europäischen Parlament Zweifel bestanden, Ungarn sehr wohl auch Veränderungen seiner eigenen Rechtssetzung vorgenommen hat. Ich finde, dieses offene Gespräch kennzeichnet unsere Beziehung zueinander seit vielen Jahren. Das hilft dann auch, die Dinge besser zu verstehen.« Merkels Ausführungen sind online verfügbar unter: {http://www.bundesregierung.de/Content/DE/Mitschrift/Pressekonferenzen/2012/10/2012-10-11-merkel-orban.html} (Stand November 2012).

56 Schulz sprach von einem »politischen Kampf von überraschender Intensität zwischen zwei unversöhnlichen Lagern«; zitiert nach Matthias Krupa, »Ist Rumänien noch eine Demokratie?«, in: *Die Zeit* (12. Juli 2012). Der österreichische Sozialdemokrat Hannes Swoboda, Fraktionsführer der Sozialisten im Europäischen Parlament, kritisierte die Kommission explizit als (rechtslastig) parteiisch. Seine Ausführungen sind online verfügbar unter: {http://www.europeanvoice.com/article/2012/september/a-critique-too-far/75152.aspx} (Stand Dezember 2012).

57 Offiziell wurde Ponta allerdings nicht kritisiert, ja, die Forderung, den Kongress zu verlegen, kam aus formellen Gründen am Ende gar von Ponta selbst; vgl. »European Socialists' congress may shun Romania«, online verfügbar unter: {http://www.euractiv.com/elections/pes-move-congress-away-bucharest-news-514516} (Stand Oktober 2012).

58 In einem Interview mit dem Deutschlandfunk; online verfügbar unter: {http://www.dradio.de/dkultur/sendungen/interview/1889685/} (Stand Dezember 2012).

59 Es gab drei Kriterien: Ein politisches, nämlich »institutionelle Stabilität als Garantie für demokratische und rechtsstaatliche Ordnung, für die Wahrung der Menschenrechte sowie die Achtung und den Schutz von Minderheiten«; ein wirtschaftliches, nämlich »funktionsfähige Marktwirtschaft und Fähigkeit, dem Wettbewerbsdruck und den Marktkräften innerhalb der Union standzuhalten«; sowie drittens das »Acquis-Kriterium«, also die »Fähigkeit, die aus der Mitgliedschaft erwachsenden Verpflichtungen zu übernehmen und sich die Ziele der politischen Union sowie der Wirtschafts- und Währungsunion zu eigen zu machen (Übernahme des ›Acquis communautaire‹, d. h. des gemeinschaftlichen Besitzstands)«. Zitiert nach {http://europa.eu/legislation_summaries/glossary/accession_criteria_copenhague_de.htm} (Stand November 2012).

60 Kalypso Nicolaïdis/Rachel Kleinfeld, *Rethinking Europe's »Rule of Law« and Enlargement Agenda: The Fundamental Dilemma*, Sigma Paper 49/2012.

61 Vgl. Ronald Beiner, *Political Judgment*, New York: Routledge 2010.

62 Ich verdanke diesen Vorschlag Rui Tavares.

63 Denkbar wäre auch die entsprechende Umwandlung einer bereits existierenden Institution wie der Agentur der Europäischen Union für Grundrechte in Wien {http://fra.europa.eu/de}, wie dies der liberale Europaabgeordnete Alexander Graf Lambsdorff vorgeschlagen hat. Zumindest im Moment steht die Agentur im Ruf, gegenüber Mitgliedsstaaten sehr vorsichtig zu agieren. Lambsdorffs Vorschlag ist unter dem Titel »Zwei Premiers führen die EU an der Nase herum« online verfügbar unter: {http://www.cicero.de/weltbuehne/ungarn-rumaenien-ponta-orban-zwei-premiers-fuehren-die-eu-der-nase-herum/52076} (Stand November 2012).

64 Vgl. dazu {http://ec.europa.eu/citizens-initiative/public/basic-facts?lg=de} (Stand November 2012).

65 Nils Minkmar, »Reformen reichen nicht aus, um Europa zu retten«, Bernard-Henri Lévy im Gespräch, in: *Frankfurter Allgemeine Zeitung* (20. November 2012), online verfügbar unter: {http://www.faz.net/aktuell/feuilleton/debatten/bernard-henri-levy-im-gespraech-reformen-reichen-nicht-aus-um-europa-zu-retten-11965397.html} (Stand Dezember 2012).

66 Vgl. Nikolaj Nielsen, »EU keen to rank justice in member states«, in: *EU Observer* (13. September 2012), online verfügbar unter: {http://euobserver.com/justice/117535} (Stand Dezember 2012).

67 Sicherlich ist die Kommission auch jetzt schon ein politischer Akteur; und ihre Zusammensetzung spiegelt durchaus die Mehrheitsverhältnisse im Parlament. Doch besteht ein Unterschied zwischen einer Institution, welche offiziell die Fiktion aufrechterhält, Kommissare streiften bei Amtsantritt ihre parteipolitische Identität ab, und einer Institution, die parteipolitisch kenntlich sein *soll*.

Schluss: Europäische Demokratie, Eurokrise und die Neuverteilung politischer Autorität

68 Der Schluss liegt nahe, hier handele es sich um eine Fortführung der Nachkriegstradition der eingeschränkten oder selbstdisziplinierten Demokratie. Dem ist allerdings nicht so: Die Einschränkungen der Nachkriegsdemokratie rechtfertigten sich dadurch, dass sie antidemokratische oder antiliberale Gefahren abwehren sollten; mit Verteilungsfragen hatten sie nichts zu tun. Beides gilt nicht für die derzeit diskutierten Einschränkungen durch Schuldenbremsen und Überwachung durch die Europäische Kommission.

69 Miguel Poares Maduro, »A new governance for the European Union and the Euro: Democracy and justice«, online verfügbar unter: {http://network.globalgovernanceprogramme.eu/democracy-and-justice/}(Stand November 2012).

70 Ingo Schulze, *Unsere schönen neuen Kleider: Gegen die marktkonforme Demokratie – für demokratiekonforme Märkte*, München: Hanser Berlin 2012.

Danksagung

Für informative und anregende Gespräche über Ungarn, die EU und supranationalen Demokratieschutz danke ich Miklós Bánkuti, Elmar Brok, Gábor Halmai, István Hegedűs, Erika Anita Kiss, Mattias Kumm, Alexander Graf Lambsdorff, Miguel Poiares Maduro, Kim Lane Scheppele, Alexander Somek, Rui Tavares und Balázs Trencsényi – sie alle haben einen Nicht-Osteuropaexperten vor Sachfehlern bewahrt, die verbleibenden gehen selbstverständlich auf mein Konto. Für eine kurzfristige kritische Lektüre des Textes stehe ich sehr in der Schuld von Gábor Halmai, István Hegedűs, Heidrun Müller und Alexander Somek. Dank auch an Heinrich Geiselberger für die spontane Unterstützung des Projekts und das rasche Lektorat.

Ich habe viel geistigen Gewinn gezogen aus der Diskussion meiner Thesen bei einer Reihe von wissenschaftlichen Veranstaltungen; Dank gebührt insbesondere den Teilnehmern des Workshops »Saving Democracy in Europe« an der Princeton University, den Mitarbeitern von ARENA (Oslo) und den Fellows der Transatlantic Academy (Washington, D.C.), besonders ihrem Direktor Stephen Szabo. Ebenso danke ich den Redakteuren der Zeitungen und Zeitschriften, in denen ich einige der in diesem Buch vorgestellten Gedanken zuerst entwickeln konnte: den Mitarbeitern des *Guardian*, der *Zeit*, der Website *opendemocracy*, der *London Review of Books*, der *Süddeutschen Zeitung* sowie der *Europäischen Rundschau*. Nicht zuletzt stehe ich in der Schuld meiner Gesprächspartner in Ungarn.

Meiner Frau, Erika Anita Kiss, besonderen Dank. Ohne sie wäre dieses Buch nicht möglich gewesen.